浙江创业风险投资吸纳民间资本的机制研究

尹国俊 著

图书在版编目（CIP）数据

浙江创业风险投资吸纳民间资本的机制研究 / 尹国俊著. —杭州：浙江大学出版社，2011.10
ISBN 978-7-308-09178-7

Ⅰ. ①浙… Ⅱ. ①尹… Ⅲ. ①私营经济－风险投资－研究－浙江省 Ⅳ. ①F127.55

中国版本图书馆 CIP 数据核字（2011）第 209433 号

浙江创业风险投资吸纳民间资本的机制研究

尹国俊 著

责任编辑 王元新
封面设计 十木米
出版发行 浙江大学出版社
（杭州市天目山路 148 号 邮政编码 310007）
（网址：http://www.zjupress.com）
排　　版 杭州中大图文设计有限公司
印　　刷 杭州日报报业集团盛元印务有限公司
开　　本 880mm×1230mm 1/32
印　　张 5.875
字　　数 125 千
版 印 次 2011 年 10 月第 1 版 2011 年 10 月第 1 次印刷
书　　号 ISBN 978-7-308-09178-7
定　　价 25.00 元

浙江大学出版社发行部邮购电话 （0571）88925591

内容提要

本书从产权制度这一特殊的角度，通过提出并论证产权缺损理论，分析了影响民间资本进入创业风险投资领域的因素，在梳理和总结国内外学者重要研究成果的基础上，构建了创业风险投资吸纳民间资本的机制和研究体系。创业风险投资吸纳机制实际是创业风险投资主体在内部机制与外部机制的共同作用下，根据自身的投资偏好和战略需要，对处于相应发展阶段创业企业所进行针对性介入的一套相互影响与相互作用的保障与运行体系。这个机制是民间资本投资主体、创业企业、内部机制、外部机制以及政府诱导机制共同作用的结果，其核心功能就是维持民间创业风险资本产权的完整性。据此作者考察了浙江创业风险投资吸纳机制各组成要素的状态及其运行情况，分析了浙江创业风险投资吸纳机制的不足，并基于完善民间资本产权的角度，提出了改进浙江创业风险投资吸纳机制的对策建议。

本书可作为高等院校和科研机构专业研究人员的参考资料，也可供政府部门作为决策参考，同时还可作为研究生学习的辅助教材。

序

浙江省提出了“创业富民、创新强省”的“两创战略”。为此，省政府实施了培育创新主体、弘扬创新文化、健全创新机制、优化创新环境等诸多重要举措。这非常符合我省的实际，也是对“新浙江经济模式”的探索。但是技术创新与创业活动存在一个重要难题，就是资金的限制。传统的融资主体如银行不愿意为此提供贷款，原因是技术创新与创业活动中的高风险和严重的信息非对称。其风险主要来自技术本身的不完善和市场的不确定性，而信息非对称主要来自经营管理信息的私人化。而创业风险投资有助于解决这一难题。创业风险投资经营的不是资本本身，而是高新技术企业所蕴涵的高风险，以此获取高回报，这一特征恰恰与采用新技术的民营企业和有自主知识产权企业的发展要求相吻合。技术的产生与扩散过程离不开创业风险投资的催生，原因在于创业风险投资所带来的高利润，一方面直接使新技术的商业化运用加速实现，另一方面又间接刺激新技术以更快的速度产生。美国前总统科技顾问基沃斯说，美国“至少50%的高科技中小企业在其发展过程中得到过创业风险投资的帮助”。许多高科技明星企业如Intel、Microsoft、Yahoo等，在创业初期都曾得到过创业风险投资的支持。创业风险投资造就了美国硅谷数万高新技术企业欣欣向荣的局面,使得知识经济得以蓬勃发展。可以说,创业风险投资推动了美国高新技术产业尤其是信息、通信和生物制药等产业的形成和发展,使美国经济在这个倡导知识和技术的时代再次独领风骚,也促成了美国21世纪90年代与本世纪初较长时期的低失业、低通胀、高增长的经济繁荣局面。所以,创业风险投资是能够促使产业最新技术商业化的孵化与转化装置。

在国外创业风险投资的实践中,民间资本已经成为创业风险资本的主要来源,比如美国的养老基金近年来一直是创业风险资本的最大组成部分。而随着民间天使投资人队伍的不断出现和壮大,天使投资在国外已得到蓬勃发展,形成了一定规模。这不仅丰富了创业风险投资的民间来源,促进了创业风险投资的发展,而且也为私人资本提供了良好的投资渠道。浙江省私人资本已经达到了很大的规模,而且保持增长的势头,主要以个体私营企业和储蓄形式存在。因此,如能引导部分私人资本进入创业风险投资领域,将在一定程度上缓解当前高储蓄的实际问题,而且能为尚处于起步阶段的浙江创业风险投资事业注入一股新的力量。同时在这过程中能逐渐培养一批专业的创业风险投资家,对浙江的创业风险投资事业是不无裨益的。本书正是从这点出发,寻求如何引导民间资本进入创业风险投资领域。

浙江省发展创业风险投资具有得天独厚的优越条件,包括活跃的创业活动和浓厚的创业意识、发达的民营经济、高水平的个人收入、健全的市场机制、丰富的专业人才等。可为什么创业风险投资的发展没有体现其应有的效率呢？我们认为，创业风险投资发展的关键环节有两个，即资本的筹集和资本的退出，也就是“入口”与“出口”的问题。而就一个省市而言，“入口”问题最为重要。创业风险投资资本的来源结构、规模直接影响甚至决定着创业风险投资的组织形式、管理模式、投资方式和退出路径。浙江的问题就在于没有建立和完善创业风险投资吸纳民间资本的机制，创业风险投资行业的高度信息不对称使民间资本的进入困难重重，顾虑太多。因而我省民间资本充裕这一巨大优势并没有充分发挥出来，而是走了兄弟省市的政府牵引模式，而这种模式不是我省的优势所在。随着我国近几年经济的高速增长，许多个人和民间企业及时把握住了商机，手中积聚了大量的财富，但是由于目前我国的投资渠道狭窄，投资品种单一，方向集中，资金利用率不高，使很大一部分民间资本处于闲置状态，带来了巨大的资源浪费。大量闲置的民间资本急需要找到新的投资渠道，提高资本利用率。而我省创业风险资本市场现在面临的主要问题是投资主体单一、创业风险资本规模不大，这就为民间资本的进入和发展提供了很大的空间。因此，随着创业风险投资又一轮高潮的掀起，民间资本自然要抓住这个新市场的投资商机。所以，我省应该积极探索符合自身特色的创业风险投资发展模式，疏通民间资本进入创业风险投资企业的渠道，构建和培养创业风险投资吸纳民间资本的机制，并以此来带动和影响创业风险投资各个环节的健康发展。在这方面，浙江省应该走在全国的前面，为其他省市积累可行的经验。

本书的研究目的就是从产权制度这个特殊的角度，通过提出并论证产权缺损理论,分析影响民间资本进入创业风险投资企业的因素,找到并论证创业风险投资吸纳民间资本的渠道和机制,结合浙江省在创业风险投资吸纳民间资本中存在的问题和障碍,提出可行的对策。我们认为,创业风险投资吸纳机制实际是创业风险投资主体在内部机制与外部机制的共同作用下,根据自身的投资偏好和战略需要,对处于相应发展阶段创业企业所进行针对性介入的一套相互影响与相互作用的保障与运行体系。其中,创业风险投资主体包括个人、个体工商户、私营企业、金融组织和外资;内部机制体现为资金的聚合方式,分为天使投资、私人公司、政府参与公司、信托基金和有限合伙制;法律法规、退出机制、信用、产业环境、专业人才以及中介机构等共同构成外部机制;创业企业的表现也影响着民间资本的进入,民间资本就是在内外机制相互作用和相互影响下,对于处在种子期、创立期、成长期、扩张期、成熟期的创业企业提供资金,它们各自处在创业风险投资运作链条的两个极端。在这个融资链条发挥功能的过程中,政府诱导机制起到了非常关键的作用。这个创业风险投资吸纳机制的核心功能就是维持民间创业风险资本产权的完整性。当前,浙江创业风险资本吸纳民间资本的机制存在诸多问题,包括:创业风险投资组织制度的局限、资金来源渠道不畅、创业风险投资退出的瓶颈问题有待解决、缺乏创业风险投资专业人才培养机制、信用机制不健全、政策法规和制度不完善、鼓励创业与创新的孵化器没有充分发挥作用等。这些问题正是造成浙江民间创业风险资本产权缺损的原因所在。根据产权缺失的理论和创业风险投资吸纳民间资本机制的要求,针对浙江创业风险投资吸纳民间资本中存在的问题,我们提出:要积极构建激励与约束相容的创业风险投资组织,努力吸引境外优质创业风险投资,为保险资金和银行资金小比例进入创业风险投资领域提供条件,鼓励私营企业特别是民营上市公司参与创业风险投资,疏通创业风险投资的退出渠道,充分发挥政府的诱导作用(包括建立政府创业风险投资引导基金、提供融资支持和建立风险补偿机制)等。

本书的主体结构由五个部分组成。一是梳理国内外相关研究文献。采用归纳法,通过文献梳理,找到业界比较认同的,影响创业风险投资吸纳民间资本的主要因素。这是构建创业风险投资吸纳民间资本机制的基础。二是分析浙江创业风险投资的融资特征。这是我们研究的出发点。三是基于产权视角,采用规范分析方法,根据民间创业风险投资主体对于产权的特殊要求,提出了创业风险投资的特殊产权配置。据此构建创业风险投资的吸纳机制和研究体系。四是根据创业风险投资吸纳机制理论,分析浙江风险投资吸纳民间资本的障碍和问题,这些问题的存在,严重侵蚀了民间创业风险投资者的产权,由此导致了吸纳机制运行的低效率。五是从完善民间创业风险投资产权出发,探索构建浙江创业风险投资吸纳民间资本的可行性对策。

目　录

在国外创业风险投资的实践中，民间资本已经成为创业风险资本的主要来源，比如美国的养老基金近年来一直是创业风险资本的最大组成部分。而随着民间天使投资人队伍的不断出现和壮大，天使投资在国外已经蓬勃发展，形成了一定规模。这不仅丰富了创业风险投资的民间来源，促进了创业风险投资的发展，而且也为私人资本提供了良好的投资渠道。浙江省私人资本已经达到了很大的规模，而且保持增长的势头，主要以个体私营企业和储蓄形式存在。因此，如能引导部分私人资本进入创业风险投资领域，将在一定程度上缓解当前高储蓄的实际问题，而且能为尚处于起步发展阶段的浙江创业风险投资事业注入一股清新的力量。同时在这过程中能逐渐培养一批专业的创业风险投资家，对浙江的创业风险投资事业是不无裨益的。本报告正是从这点出发，寻求如何引导民间资本进入创业风险投资领域。

创业风险投资的吸纳机制是指创业风险资本市场吸引传统资本市场中的资本，实现传统资本向创业风险资本转换的有效途径。创业风险资本吸纳效率越高，这种转换的成本越低，范围越大，因而进入创业风险资本市场的资本规模越大，而创业企业获得创业风险资本的可能性也将随之提高。创业风险投资吸纳机制实际是创业风险投资主体在内部机制与外部机制的共同作用下，根据自身的投资偏好和战略需要，对处于相应发展阶段创业企业所进行针对性介入的一套相互影响与相互作用的保障与运行体系。我们就是要围绕创业风险投资吸纳机制来研究浙江民间资本进入创业风险投资领域所要解决的各种问题，包括民间资本进入创业风险投资领域的可行性问题、面临的困难、进入的模式选择以及政府应该发挥的作用等。试图通过对这些问题的解决,来构建民间资本进入创业风险投资的运作机制和体系。

1　背景和意义

浙江省提出了“创业富民、创新强省”的“两创战略”，主张全民创业，全面创新。为此，省政府实施了培育创新主体、弘扬创新文化、健全创新机制、优化创新环境等诸多重要举措。非常符合我省的实际，也是对“新浙江经济模式”的探索。但是技术创新与创业活动存在一个重要难题，就是资金的限制。传统的融资主体如银行不愿意为此提供贷款，原因是技术创新与创业活动中的高风险和严重的信息非对称。其风险主要来自技术本身的不完善和市场的不确定性，而信息非对称主要来自经营管理信息的私人化。而创业风险投资有助于解决这一难题。创业风险投资经营的不是资本本身，而是高新技术企业所蕴涵的高风险，以此获取高回报，这一特征恰恰与采用新技术的民营企业和有自主知识产权企业的发展要求相吻合。技术的产生与扩散过程离不开创业风险投资的催生，原因在于创业风险投资所带来的高利润，一方面直接使新技术的商业化运用加速实现，另一方面又间接刺激新技术以更快的速度产生。美国前总统科技顾问基沃斯说，美国“至少50%的高科技中小企业在其发展过程中得到过创业风险投资的帮助”。许多高科技明星企业如Intel、Microsoft、Yahoo

等，在创业初期都曾得到过创业风险投资。创业风险投资造就了美国硅谷数万高新技术企业欣欣向荣的局面，使得知识经济得以蓬勃发展。可以说，创业风险投资推动了美国高新技术产业尤其是信息、通信和生物制药等产业的形成和发展，使美国经济在这个倡导知识和技术的时代再次独领风骚，也促成了美国21世纪90年代与本世纪初较长时期的低失业、低通胀、高增长的经济繁荣局面。所以，创业风险投资是能够促使产业最新技术商业化的孵化与转化装置。

目前，我省已经出现了如杭州市高科技投资有限公司、杭州高新创业风险投资有限公司、杭州天松创业风险投资有限公司、养生堂创业风险投资有限公司、浙江大学创业风险投资有限公司和浙江天堂硅谷阳光创业风险投资有限公司等创业风险投资机构99家(2009年)，投资较为活跃，也不乏成功的案例。但发展速度并不快，效果也不十分理想。根据2010年科学技术部、商务部、国家开发银行联合调查后发表的《中国创业风险投资发展报告》，浙江创业风险投资的资本总规模为234亿元，少于江苏(453.7亿元)、广东(395亿元)，在全国省区市排第3位，但2009年浙江省创业风险投资机构募集资本额为10.4亿元，占全国总额的1.49%，排第8位；规模在1亿元以上的创业风险投资机构占本地区创业风险投资机构总量的比例，浙江为53.1%，仅仅高于贵州、宁夏、吉林、四川、新疆、甘肃、福建等省，少于广东(66%)、北京(78.6%)、安徽(53.5%)、江苏(66.1%)等绝大多数省市，排第16位；2008年，我省创业风险投资的资本有4.96%来自于政府投资，7.59%来自于国有独资投资机构，2.69%来自于事业单位，仅有67.69%来源于民间资本，低于广东、北京、湖北。值得一提的是，原有境外创业风险投资已经全部撤离本省。2009 年我省创业风险投资的投资强度(对项目的平均投资金额)为 1678 万元，列全国第 13 位，与同类发达省市差距较大；持股比例多于 50％的投资项目占总投资项目数的比例，我省为 4.9％，列全国第 16 位，也大大低于同类发达省市；投资于种子期项目的比例为 20％，排第 13 位；我省创业风险投资的投资行业也主要集中在软件产业和传统制造业。以上数字说明，我省创业风险投资发展非常活跃，但效果并不十分理想，与发达地区其他省市比较还有相当大的差距，也与自身经济发展规模与水平不相称。从中我们可以得出以下结论：第一，浙江创业风险投资的发展没有充分反映浙江本身民间资金充裕的优势；第二，不能反映浙江众多中小民营企业和活跃的创业活动对资金的现实需求；第三，浙江善于机制创新的惯性没有体现在创业风险投资活动中；第四，浙江创业风险投资的作用没有很好地发挥出来。这一问题阻碍了浙江具有自主知识产权高新技术企业的大规模发展。浙江创业风险投资的制度创新尤为迫切。

浙江省发展创业风险投资具有得天独厚的优越条件，包括活跃的创业活动和浓厚的创业意识、发达的民营经济、高水平的个人收入、健全的市场机制、丰富的专业人才等。可为什么创业风险投资的发展没有体现其应有的效率呢？我们认为，创业风险投资发展的关键环节有两个，即资本的筹集和资本的退出，也就是“入口”与“出口”的问题。而就一个省市而言，“入口”问题最为重要。创业风险投资资本的来源结构、规模直接影响甚至决定着创业风险投资的组织形式、管理模式、投资方式和退出路径。浙江的问题就在于没有建立和完善创业风险投资吸纳民间资本的机制,创业风险投资行业的高度信息不对称使民间资本的进入困难重重,顾虑太多。因而我省民间资本充裕这一巨大优势并没有充分发挥出来,而是走了兄弟省市的政府牵引模式,而这种模式不是我省的优势所在。随着我国近几年经济的高速增长,许多个人和民间企业及时把握住了商机,手中积聚了大量的财富,但是由于目前我国的投资渠道狭窄,投资品种单一,方向集中,资金利用率也不高,使很大一部分民间资本处于闲置状态,带来了巨大的资源浪费。大量闲置的民间资本急需要找到新的投资渠道,提高资本利用率。而我省创业风险资本市场现在面临的主要问题是投资主体单一、创业风险资本规模不大,这就为民间资本的进入和发展提供了很大的空间。因此,随着创业风险投资又一轮高潮的掀起,民间资本自然要抓住这个新市场的投资商机。所以,我省应该积极探索符合自身特色的创业风险投资发展模式,疏通民间资本进入创业风险投资企业的渠道,构建和培养创业风险投资吸纳民间资本的机制,并以此来带动和影响创业风险投资各个环节的健康发展。在这方面,浙江省应该走在全国的前面,为其他省市积累可行的经验。

2 国内外研究综述

2.1 国外关于创业风险投资吸纳机制的研究

创业风险投资的筹资机制研究中的一项很重要的内容,是关于影响创业风险投资业资本筹集的因素的研究。国外学者主要利用经济学的供求模型,分别构建了不同的创业风险投资资本供给与需求的模型对此进行分析,有的还在构建模型的同时以不同国家的实证数据进行验证。

Poterba(1987,1989)的研究中,强调了税率变化对创业风险投资资本供求的影响。他认为,资本利得税率的降低对创业风险投资的影响不会通过对供给曲线的影响实现。

Gompers 和 Lerner(1998)区分了影响创业风险投资资本量的供给因素和需求因素,指出创业风险投资的需求因素对创业风险投资资本筹集起着重要的作用。他们构建了供给和需求的分析模型,认为,供给和需求的均衡决定了创业风险投资承付资本额,也决定了价格即期望收益率的高低。指出,资本利得税降低影响创业风险投资资本筹集的基本机制,是通过创业企业家对创业风险投资资本的需求实现的;如果影响资本的供给,则税率的变化就会对应纳税实体的投资额产生更明显的影响。他们还指出了其他影响创业风险投资资本承付的因素:法规的变动、基金业绩和基金声誉等。Gompers 和 Lerner(1998)的研究结果表明,制度的改革和政策决策对创业风险投资业的发展有着显著的影响。他们提出了相应的政策建议:发展创业风险投资要考虑的一个重要因素是增加高质量、处于起步阶段的创业企业的数量,降低资本利得税率,在特定区域重点投入。这一重要的观点对于各国创业风险投资的发展都是非常有借鉴意义的。

Jeng 和 Wells(1997) 研究了资本市场对创业风险投资资本筹集的影响。他们认为,首次公开市场(IPO)的强弱是影响创业风险投资资本筹集的重要因素。这一结论与 Black 和 Gilson(1998)的结论一致。他们还发现,IPO 市场对专门投资于早期阶段创业企业的基金的影响较小,而且最有意义的发现在于政策对创业风险投资当前和长期的变动有显著影响。Black 和 Gilson(1998)通过对德国、日本的资本市场和美国资本市场下创业风险投资发展的比较,指出在以股票市场为中心的资本市场体系下,创业风险投资市场更加有活力,强调了创业风险投资的资本筹集和完善的公开权益资本市场有着很强的联系。

除了上述代表性的研究之外,Martin Kenney(2000)通过对硅谷历史及硅谷创业风险投资发展的历史研究,指出硅谷地区大量电子技术、半导体技术、信息技术的存在和这些技术的创新为硅谷创业文化和创业经济的形成提供了前提条件，而大量创业风险投资家和创业企业家，专注于创业风险投资业务的法律机构、金融机构、创业文化等因素，则是硅谷创业风险投资发展赖以生存的支持体系。

创业风险投资筹资机制研究中的另一项很重要的内容，是关于创业风险投资机构的组织形式以及投资者和创业风险投资家契约关系的研究。对于创业风险投资机构组织形式的研究主要集中于有限合伙制的研究，因为，到 20 世纪 80 年代，美国的创业风险投资机构的有限合伙制发展成为一个很成熟的组织形式，成为创业风险投资机构的主导形式。而在研究创业风险投资机构组织形式的同时，投资者和创业风险投资家之间的委托一代理问题，自然成为组织形式研究中的一个重要部分。Gompers 和 Lerner(1999)指出，决定创业风险投资资本筹集的一个很重要的因素是创业风险投资机构的组织形式。Sahlmon(1990)指出，有限合伙制成为美国 20 世纪 80 年代以后创业风险投资机构典型的组织形式，其主要原因是养老基金、大学捐赠资本、慈善基金等机构投资者为免税实体，采用有限合伙制的创业风险投资机构组织形式可以保持这些机构投资者的免税地位。他研究了创业风险投资家和创业风险投资投资者之间的严重信息不对称，指出有限合伙制创业风险投资机构下，创业风险投资家和投资者间的契约设计能有效解决两者之间的利益冲突。有限合伙契约能对创业风险投资家起到最有效的激励约束作用。针对美国创业风险投资有限合伙组织形式的研究，Jensen(1993)、Shleifer 和 Vishny(1997)也研究指出，独立的私人权益资本企业(即创业风险投资企业)是在典型的股份分散的公司制基础上得到巨大改进的组织形式,这进一步印证了 Sahlmon(1990)的观点。

产权理论是新制度经济学的主要内容之一,其代表人物主要有科斯、德姆塞茨、诺思、舒尔茨和威廉姆森等,但目前国外学者还没有把产权理论用于创业风险投资领域的分析。

2.2 国内关于创业风险投资吸纳机制的研究

国内的创业风险投资研究是在最近几年随着创业风险投资业在中国的产生和发展逐渐展开的。

针对影响筹资的因素的研究,刘健钧(1998)认为,中国创业风险投资资本来源的现实选择只有企业、富有个人、外资和政府资本四种。张东生、刘健钧(2002)指出,中国创业风险投资机制中的动力机制应由“单纯政府推动型”向“主要由创业企业的内在需求拉动型”转换;进入机制应由“财政资本投入型”向“民间资本投入型”转换。范柏乃、沈荣芳和马庆国(2001)通过规范研究指出,中国必须建立以机构投资者为主要供给主体的创业风险投资资本供给体系,以消除中国创业风险投资资本不足、创业风险投资规模较小的状况。他们认为,社会信用体系不健全、收益率偏低、缺少税收优惠政策、法律禁止银行和非银行金融机构参与创业风险投资、相关法律制度不健全,是影响我国创业风险投资资本有效供给的最大障碍;他们还提出通过重点培育上市公司为主导的创业风险投资供给机制，鼓励证券公司参与创业风险投资，适当放宽对养老金、保险公司和商业银行投资的法律限制来发展创业风险投资。徐绪松(2002)分析了创业风险投资价值链的核心——创业风险投资家，认为中国急需造就一支创业风险投资家的队伍。战熠磊(2003)研究得出，创业风险投资的健康发展需要合理的创业风险投资资本供给结构为后盾，提出引导民间资本参与创业风险投资，推进政府创业风险投资存量与增量改革。王守仁(2004)指出，应逐步放宽保险、社保等资本对创业风险投资业的市场准入，吸引社会民间资本和外资投入创业风险投资领域。

对于创业风险投资机构组织形式的研究，文献主要集中于公司制和有限合伙制之间进行比较。多数学者都指出，有限合伙制是未来创业风险投资发展的较好形式。刘健钧(1998)认为，创业风险投资机构组织宜以有限责任公司形式起步，并创造条件发展有限合伙组织形式。梁欣然(2000)指出，美国的有限合伙制的创业风险投资组织形式较好解决了激励约束问题，有限合伙制是最理想的组织形式。鲍志效(2003)认为，相对于公司制和普通合伙制而言，有限合伙制在出资制度、责任制度、管理制度、分配制度、存续制度等方面都是一种创新，适应创业风险投资的运行特点和实际需要，我国应采取渐进的方式过渡到以有限合伙制为主要组织形式。他们都强调中国以公司制作为现实选择，逐步过渡到有限合伙制。郭建鸾(2004)指出，有限合伙制更适合于早期阶段的创业风险投资和高科技类型的创业企业，晚期阶段及传统行业则可以采用公司制；而且，创业企业发展阶段的信息特征影响着创业风险投资基金的组织形式选择。

关于创业风险投资委托—代理关系的研究，田增瑞(2002)通过对创业风险投资激励约束机制的系统研究，构建了投资者和创业风险投资家间、创业风险投资家和创业企业家之间的报酬机制模型以及创业风险投资家和创业企业家间的控制权机制模型，从理论上证明对创业风险投资家的报酬激励机制中，除了固定报酬之外，必须设计有与业绩相关的期权性收入，以对创业风险投资家起到有效的激励约束作用；构造了创业风险投资家的信誉模型以说明“隐性激励机制”，证明重复博弈才能建立声誉机制。她提出将创业风险投资经理与机构投资者联合作为普通合伙人设立有限合伙制创业风险投资机构的政策建议，并提出有限责任公司应向有限合伙制过渡。在创业风险投资不对称信息及激励约束机制的设计方面，谈毅(1999)分析了创业风险投资企业的投资经理报酬结构，指出业绩报酬应大于管理费，投资经理的报酬合同中规定管理费率是可变的，收费不以承诺基金额而是以投资的资本额为基础，利润分配中采用“抓回”方式，即分配给投资者和创业风险投资家的现金及有价证券随投资的开始就开始清算。

国内学者特别关注声誉的作用。谈毅(2000)强调了声誉效应对创业风险投资家的激励约束作用，指出固定存续期是建立声誉机制的关键。田增瑞(2002)将 KMRW 信誉模型引入创业风险投资领域。姚佐文(2002)及姚佐文、陈晓剑和汪淑芳(2003)通过构建声誉模型分析了有限合伙制下对创业风险投资家的监控，强调了声誉效应在解决不对称信息环境下的道德风险和激励问题的有效作用。金永红等(2003)建立了创业风险投资家考虑声誉的两阶段动态融资模型,认为,受声誉影响,创业风险投资家的努力程度会大大提高;受影响的时间越长,声誉对创业风险投资家的激励作用越大,创业风险投资家的努力程度越高。这些研究很多都通过建立数学模型的方式,证明报酬机制和声誉机制的重要性。

把产权理论直接与创业风险资本联系起来加以系统研究的是张永衡所著《创业风险资本与产权制度》(经济科学出版社,2002 年 3 月)一书。作者试图运用现代产权经济学、契约经济学、货币金融学以及相关的经济学前沿理论,以现代市场经济国家的创业风险资本现实为经验背景,对现代创业风险资本产权制度的基本模式和主要现象进行实证与规范相结合的分析,以确立起一个创业风险资本产权研究的基本理论框架,并借以对中国的创业风险资本产权问题进行应用研究。张永衡认为,产权制度是发挥创业风险资本作用的制度基础。创业风险资本对企业价值增加和经济成长的作用依赖于创业风险资本产权制度的效率。创业风险资本的产权制度和治理结构就是为解决创业企业在筹集创业风险资本过程中产生的代理成本问题所做出的制度性安排。有效率的产权制度能提高企业的价值,而无效率的产权制度会导致较高的代理成本,从而阻碍企业价值增加。

2.3 结　论

综合国内外研究的文献,我们认为:第一,关于创业风险投资筹资因素的研究出现相对较早,但大部分是作为整体筹资或创业风险投资整体研究中的一个组成部分,而且介绍性质的或者中外比较的较多。第二,对创业风险投资企业组织的研究,最早主要是介绍国外的创业风险投资机构组织形式如有限合伙制,但随着创业风险投资业的发展从探索阶段走向理性思考阶段,学界也开始思考国外创业风险投资机构组织形式的本质和核心,并深入思考和积极争论中国创业风险投资机构究竟应该采用哪种组织形式。与此对应,对创业风险投资领域双重委托—代理问题的研究也多了起来。但是,专门针对投资者和创业风险投资家间委托—代理问题的系统性研究比较少。第三,很少有学者从理论对出资者向创业风险投资组织投资进行系统分析,并提出有说服力的解释,因而提出的创业风险投资筹资对策也显得苍白无力。第四,专门针对创业风险投资吸纳民间资本的分析几乎是空白,所以部分学者提出的促进创业风险投资资金来源多样化措施缺少现实可操作性。

本书的研究目的就是从产权制度这个特殊的角度,通过提出并论证产权缺损理论,分析影响民间资本进入创业风险投资企业的因素,找到并论证创业风险投资吸纳民间资本的渠道和机制,结合浙江省在创业风险投资吸纳民间资本中存在的问题和障碍,提出可行的对策。

3 浙江创业风险资本融资的特征

浙江省科技厅2009年组织的浙江省创业风险投资行业调查，选取了56家有代表性的创业风险投资机构。浙江创业风险资本的来源渠道如表3-1所示。

表3-1 2008年浙江省各类创业风险投资资本来源和构成比重

	金额(万元)	比重(%)
政府资本	68560.48	4.96
事业单位	37100	2.69
国有独资投资机构	104800	7.59
上市公司	75225	5.45
非上市股份有限公司	19250	1.39
有限责任公司	561198	40.63
银行资本	10710	0.78
证券资本	0	0
信托资本	0	0
个人	108056	7.82
境内外资	235750	17.07
境外外资	0	0
其他	305688	22.13
总计	1381181.48	100

资料来源：浙江省科学技术厅．浙江省创业风险投资发展报告2009．杭州：浙江工商大学出版社，2009．

3.1 创业风险投资的筹资渠道狭窄

经过这几年的快速发展，目前，在浙江创业风险投资行业中，企业资本已经成为主导力量，达到 55.06%，但低于宁夏、内蒙古、湖北和广东。从表 3-1 可以看出，在列出的创业风险投资来源中，占主流地位的是企业资本，其中来自有限责任公司的投资占 40.63%。而来自于个人、银行的比例比较低，更没有养老金、保险基金、其他基金，而所缺的这三项正是发达国家和地区创业风险投资构成的主要来源。一般来说，在发达的市场经济国家的创业风险投资构成中，这三项所占创业风险投资比重都在 50%以上。另外，境外外资没有参与浙江的创业风险投资。

3.2 基金规模偏小

据统计，2009 年，浙江省平均每个机构管理的资金规模为 2.47 亿元人民币，资金管理规模在 1 亿元以下的创业风险投资企业所占比例约为 46.9%；而资金管理规模在 2 亿元以上的机构所占比例为 33.7%，而且管理规模较大的主要是政府独资或政府参股设立的创业风险投资企业。如浙江天堂硅谷创业集团有限公司注册资本为 2 亿元，通联创业风险投资股份有限公司注册资本为 3 亿元。与其他省市相比，浙江创业风险资本的规模偏小，如表 3-2 所示。过小规模的创业风险投资基金远达不到分散风险、建立投资组合的目的，制约和限制了创业风险投资的发展。

表 3-2　2009 年各地区不同规模创业风险投资机构数量分布　单位：%

按 1 亿元以上比例排序	省份	5000 万元以下	5000 万～1 亿元	1 亿～2 亿元	2 亿～5 亿元	5 亿元以上
1	广西	0	0	0	0	100
2	湖南	0	0	50.0	50.0	0
3	内蒙古	0	0	100	0	0
4	黑龙江	0	16.7	50.0	16.7	16.6
5	北京	0	21.4	35.7	28.6	14.3
6	辽宁	11.1	11.1	55.6	22.2	0
7	海南	25.0	0	50.0	25.0	0
8	陕西	20.0	13.3	40.0	6.7	20.0
9	重庆	11.1	22.2	11.1	33.3	22.2
10	江苏	14.9	19.0	37.2	19.8	9.1
11	广东	24.0	10.0	18.0	18.0	30.0
12	湖北	7.1	28.6	21.4	42.9	0
13	河北	40.0	0	20.0	0	40.0
14	山东	14.3	28.6	42.8	0	14.3
15	河南	14.3	28.6	42.8	14.3	0
16	安徽	22.2	22.2	22.2	33.3	0
17	浙江	31.2	15.6	19.5	20.8	12.9
18	上海	36.0	12.0	20.0	16.0	16.0
19	山西	50.0	0	0	0	50.0
20	福建	30.0	20.0	10.0	10.0	30.0
21	吉林	25.0	25.0	25.0	25.0	0
22	四川	50.0	0	12.5	25.0	12.5

续 表

按1亿元以上比例排序	省份	5000万元以下	5000万～1亿元	1亿～2亿元	2亿～5亿元	5亿元以上
23	天津	34.8	17.4	17.4	21.7	8.7
24	宁夏	20.0	40.0	20.0	20.0	0
25	甘肃	40.0	40.0	20.0	0	0
26	新疆	33.3	50.0	0	0	16.7
27	贵州	100	0	0	0	0

资料来源：中国科学技术发展战略研究院.中国创业风险投资发展报告 2010.北京：经济管理出版社，2010.

3.3 国有资本比重仍然偏高

虽然近几年我国创业风险投资的资本构成已经发生变化，政府创业风险投资在总量上升的前提下，在创业风险投资构成中所占的比重有所下降，但与其他国家和地区比较却仍然很高。

2009年，课题组对浙江16家创业风险投资机构进行了调查，这16家创业风险投资企业登记资本总额16.165亿元人民币，它们大多拥有政府背景，政府或国有企业、事业单位拥有股权的机构占93.75%，纯民营的占6.25%。从公司股东情况看，浙江创业风险投资企业大都拥有政府背景，是在政府的直接或间接推动、引导下设立的。股东多为国家参股公司或政府事业性开发团体。例如杭州市高科技投资有限公司就是国有独资企业。公司的经营宗旨为，实施杭州市政府“一号工程”，建设“天堂硅谷”，优化创业环境，大力推动高新技术产业化进程，广泛吸引海内外各类资金，特别是非国有资金参与创业风险投资，逐步形成投资主体多元化、资金来源多渠化、业务操作规范化、运行机制市场化的创业风险投资的运行体系，充分发挥政府创业风险投资的引导和示范作用，促进杭州市高新技术及其产业的发展，为加快发展杭州经济服务，促进杭州市经济的发展。类似情况还有浙江省科技创业风险投资有限公司等。但从资本量来看，国有资本的比例在下降。调查显示，国有资本所占比例逐年下降，2009 年，国有或政府主导企业(政府资本、国有企业资本、国有控股企业资本)占 17.95%，而 2008 年为 21.43%。

3.4 机构投资者的出资比重偏低

从世界范围来看，创业风险投资的筹资对象基本上有以下几个方面：富有个人、大型企业、银行等金融机构、政府、基金会或捐赠基金、养老金、保险基金等(见表 3-3)。

表 3-3 创业风险投资的主要筹资来源 单位：%

	美国	欧洲	英国	德国	澳大利亚	中国	浙江	全球
富有个人	10	9	6	17.9	19.87	10.46	7.82	12
公司	2	4	5	0.9	27.44	53.53	55.06	20
金融机构	—	14	23	13.4	0.09	7.88	0.78	20
政府	—	9	5	10.5	—	24.13	4.96	—
养老金	43	27	21	5.3	3.34	—	—	40

续 表

	美国	欧洲	英国	德国	澳大利亚	中国	浙江	全球
其他基金	20	18	16	19.1	2.25	—	—	
保险公司	25	10	11	12.5	32.48	—	—	—
其他		9	13	20.4		4	31.38	8

资料来源：Venture Economics Investors Services，Boston，MA，Venture Capital Journal，Monthly；No. 743，Venture capital commitments from 1990—2003，LexisNexis Statistical Database；EVCA/Thomson Financial/PricewaterhouseCoopers；BVCA 2006 年报；BVK 2006 年报；Thomson Financial＆Australian Venture Capital Association Limited Survey，2007；中国创业风险投资研究院.2008 中国创业风险投资年鉴.北京：民主与建设出版社，2008：255.

注：美国为 2003 年数据，欧洲、英国和德国为 2006 年数据，澳大利亚和中国为 2007 年数据，全球为 2001 年数据。表中数据不包含外资部分。

一般来说，各种资本来源所占的比例，是依据创业风险投资制度自身发展演进阶段和某个国家或地区经济体制以及创业风险投资发展程度的不同，而呈现出不同的组合特征。创业风险投资构成的变化一般遵循以下规律：在创业风险投资制度形成的早期阶段，资金来源主要是富有个人投资和大型企业的创业风险投资。而随着创业风险投资制度的发展和完善，资本来源更加多元化，除了传统的个人、企业以及以克服市场失灵为目的的政府外，养老金、保险公司、商业银行、投资银行等金融机构也日益成为创业风险投资的主要资金供给者。

表 3-3 显示，浙江创业风险资本的来源过于依赖企业资本，金融机构特别是保险公司、证券公司等机构投资者出资很少，特别是国际

公认最理想的投资基金目前还没有真正进入创业风险投资行业。

3.5 国外资本投资比例极低

IDG(美国国际数据集团)是最早来华,也是在华投资项目最多、投资总额最大的外国创业风险投资企业。2005 年以后,硅谷银行率领包括红杉资本、凯鹏华盈(KPCB)在内的 30 多家美国顶级 VC 来到中国。目前,美国硅谷排名前十位的 VC 都在中国设立了自己的基金或者与中国的合作伙伴联合投资。其中比较知名的是红杉资本,它在美国是和 KPCB 并列全球第一的 VC。由红杉投资的公司总市值超过纳斯达克市场总价值的 10%。红杉中国已成功募集红杉资本中国创业基金 I 和红杉资本中国成长基金 II,其规模分别为 2.5 亿美元和 5 亿美元,基金寿命都是 10 年。近年来,软银投资了阿里巴巴、盛大、分众、淘宝、好孩子;凯雷投资携程网、聚众传媒、徐工机械;华平投资哈药集团、大唐电信;在全球直接投资的企业有 500 家,其中包括 20 余家世界 500 强企业;霸菱投资网易、中华英才网、中联系统、网达国际、康达网络、掌中万维;华登国际投资广东科龙、小天鹅、新涛科技等 20 多个项目。目前,在我国活动的外国创业风险投资机构大约有 100 家,管理的资本总额占我国创业风险资本总额的 42.39%(见表 3-4),外资创业风险投资企业投资额占我国创业风险投资总额的 76%,平均单个项目投资额高达 12247.04 万元。而内资创业风险投资企业平均单个项目投资额仅为 2388.56 万元,相当于外资企业的1/5。但需要说明的是，如果不包含以离岸形式投资的外资创业风险投资，只是境外和境内外资机构向注册在中国大陆地区的创业风险投资企业所注入的资本额，仅占中国创业风险投资来源的5.7％。一般认为，某个地区跨国创业风险投资的活跃，可以极大地带动当地创业风险投资环境的改善，促进当地创业风险投资经营效率的提高。

表3-4　2005—2009年中外创业风险投资机构管理的创业风险投资总量

		本土机构	外资机构
2009年	金额(亿元)	1026.57	755.49
	金额比例	57.61％	42.39％
2008年比例		50.26％	49.74％
2007年比例		38.71％	61.29％
2006年比例		47.2％	52.8％
2005年比例		59.3％	40.7％

资料来源：中国创业风险投资研究院等．中国创业风险投资年鉴．北京：民主与建设出版社，2010：240.

浙江向来不是外资创业风险资本的活动区域，2008年，仅有的外资创业风险资本也撤离了浙江，目前浙江的国外创业风险资本为零。而国内创业风险资本比较活跃的上海、江苏、广东、北京、天津等地，外资创业风险资本都占有较高的比例。

4 创业风险资本的吸纳机制分析——基于产权的视角

所谓民间资本,是相对于国有资本而存在的。在我国,民间资本包括民营企业所掌握并用以投资的一部分资本,以及居民储蓄存款、市场游资、居民手持现金、退休基金、房屋保险基金和非国有经济等。创业风险资本的吸纳是指创业风险资本市场吸引传统资本市场中的资本，实现传统资本向创业风险资本转换的有效途径。创业风险资本的吸纳实际上是资本在传统资本市场和创业风险资本市场之间的配置，实现传统资本向创业风险资本的转换。创业风险资本吸纳效率越高，这种转换的成本越低，范围越大，因而进入创业风险资本市场的资本规模越大，而创业企业获得创业风险资本的可能性也将随之提高。创业风险资本的吸纳机制的效率取决于创业风险资本的产权状况。

4.1 创业风险资本特殊的产权配置

产权是新制度经济学派最基本的概念,也是本项研究的理论起点。产权笼统地说是指人们使用资源的一组权利。一般来说,财产权利的行使包含两个层面的含义:一是法律层面的物权确认,即所有权。它要明确的是人与物的关系,如某人拥有一辆汽车。这个层次上的内涵很广,属于法学范畴。二是法律确认下的实际权利,即一定所有权安排下的具体实施,它赋予所有权以实际的内容,对经济运行产生直接的后果。它所要解决的是人与人的关系,即不同所有者之间的交易关系。而新制度经济学家所考察的是第二种情况。这也正是笔者所赞同并在以后分析中沿用的概念。实际上产权是围绕所有权的实施,体现所有权边界的一组实际权利。一项财产的产权是一组权利,其中的每一项权利都可以独立出来,与其他权利进行重组。这组权利包括:①使用权,即使用资产的权利;②收益权,即在不损害他人的情况下获得资产收益的权利;③处分权,也可称为决策权,即改变资产形态和实质的权利;④让渡权,即将占有权转让给别人的权利。所以产权是多种权利的组合,它不是一项单一的权利,不能用变量来描述,而要用矢量来表示。对产权诸多方面做出的规定的集合称为产权制度,参与者可以根据产权制度的规定行使其财产权利,实现自己的利益,产权制度的调节对象是财产关系的转移与交易,市场交易实际上就是两组权利的交换或单项权利的重新组合。产权的界定和交换实际上是整个经济活动及经济运行的基础,它既是资源配置的基础,又是市场价格机制形成的基础。不同的产权结构将对不同的行为主体产生不同的激励。权利的不同决定了人们在发生不确定情况时的责任和受损程度的差异。产权的作用就是权利的配置和安排,它是对责、权、利边界的确定。

明晰的产权就是财产权利有具体、明确的载体，要求“落实到人”。这种具体而明确的产权制度是确保市场主体行为理性化、合法化的基础。市场经济作为引导资源向利益最大化场所转移的制度，其前提就是拥有财产的人能够对市场做出他认为有利于自己财产增值的判断。这种合理预期的形成是个人对其产权关系负责的必然结果。在产权结构中，无论是谁投资，拥有剩余索取权是他行使产权的关键。企业的创新乃至扩张，实质是产权市场交易的扩大和产权价值的提升。

4.1.1 创业风险资本产权构建的基础：高度信息不对称和委托—代理

创业风险资本市场是私人股本市场中专门投资于创业期企业的资本市场。这个市场可分为非正式的创业风险资本市场和有组织的创业风险资本市场。不论是哪一种资本市场，它们共同的运作特征是投资周期较长、着眼点是未来的高利润、选择投资组合并进行灵活操作，只有具备良好的产业与金融背景和投资战略眼光的人士才能进行专业化的运作，而且这种运作又应该在封闭的状态下进行。更加关键的是，在投资的初期，创业风险投资企业进行项目运作时，现金流经常是负的，外部人很难从会计账目上看出项目运作的前景和创业风险投资企业管理人的真实业绩。这样的特征使创业风险资本运作存在两个重要问题：一个是信息不对称，另一个是委托—代理。

1. 信息不对称

信息不对称是指交易双方对有关事件的知识或概率分布的掌握

程度不同。信息不对称从创业风险资本募集的角度,主要体现为创业风险资本出资者和创业风险投资企业管理人之间的信息不对称。在创业风险资本运行中,创业风险投资企业管理人向创业风险资本出资者筹集资金投向创业企业,创业风险资本出资者委托创业风险投资企业管理人管理自己投入的资金,以实现高额回报。在这种关系下,两者之间存在高度的信息不对称。首先,当创业风险投资企业管理人募集资金的时候,创业风险资本出资者可能不知道对方从事创业风险资本的经验和能力,也不知道对方的品质和信誉。所以在签订投资协议时,出资者不知道收益和风险的分配是否合理。而创业风险投资企业管理人清楚地知道自己的状况,他就有条件争取到更有利于自己的条款。其次,在签订投资协议之后,由于基金运行的封闭性,创业风险投资企业管理人是否遵守协议中商定的投资领域、投资原则、投资阶段等条款,创业风险资本出资者很难知道,或者必须花费很大的监督成本才能获取这些信息。如果投资失败,出资者很难判断是项目本身出了问题,还是创业风险投资企业管理人能力不济或努力程度不足。

2. 委托—代理关系

在创业风险资本筹资过程中,主要涉及的是创业风险资本出资者与创业风险投资企业管理人之间的委托—代理关系。由于创业风险资本出资者直接从事创业风险资本,不仅要面临搜集和处理有关创业信息的问题,而且还必须面临如何签订投资合同和执行投资合同的问题。解决这些问题,不仅需要付出巨额成本,而且由于需要专门的知识、技能和经验,对于一般创业风险资本出资者而言是一件很难的事情，甚至是不可能的。由多数创业风险资本出资者以集合投资方式设立创业风险投资企业(基金)，并委托专家进行管理和运用资产，一方面可以减少因搜集信息和监测活动而导致的资源浪费，降低交易成本；另一方面也可以凭借创业风险投资企业管理人的知识、技能和经验优势，有效地降低创业风险资本出资者与创业企业家之间的信息不对称性，降低交易成本和道德风险，提高创业风险资本的运作效率。通过创业风险投资企业这一中介组织参与创业风险资本，虽然可以减少交易成本，但在委托与代理过程中同时产生了两个问题：一是选择问题，即怎样才能选择到真正具有专业管理水平和诚信、勤勉品德的创业风险投资企业管理人，以避免创业风险资本出资者在选择创业风险投资企业管理人时可能出现的“逆向选择”问题。二是激励问题，在创业风险资本出资者与创业风险投资企业管理人的委托—代理关系中，创业风险投资企业管理人直接经营管理创业风险资本，并参与被投资项目的管理。相对于创业风险资本出资者而言，创业风险投资企业管理人是占有信息优势的一方，他们很可能会利用这个优势实施损害创业风险资本出资者利益的机会主义行为，即存在着道德风险。这样，在创业风险资本出资者选择到合适的创业风险投资企业管理人之后，就面临着怎样激励创业风险投资企业管理人努力工作，降低或规避道德风险，并确保创业风险资本出资者利益最大化的问题。因此，创业风险资本在具体的运作过程中，就必须通过设计一套特殊产权制度来解决这两个问题。

所以，有效的产权结构应该能够尽量降低甚至避免逆向选择和道德风险的发生，应该有利于形成种种激励与约束机制，来强化委托人在代理成本最低条件下对代理人的监控,并刺激代理人把遵守协议努力工作作为自觉行动。

4.1.2 创业风险资本产权结构的制度安排

创业风险资本产权特征可以通过创业风险资本运作的各个环节体现出来,但关键的环节是创业风险资本组织的产权结构。创业风险资本组织的产权结构安排是创业风险资本运作的关键。良好的创业风险资本组织的产权制度必须平衡投资者和创业风险投资企业管理人的权利与义务,这样的产权安排必须满足两个方面的要求:一是在组织内部形成激励与约束相互融合的机制;二是它的运作成本与代理成本必须是有竞争力的。为此,创业风险资本组织的产权制度应该符合以下原则。

1. 赋予创业风险资本出资人充分的产权

在创业风险投资实践中,创业风险投资出资者的收益权、让渡权必须予以保障,而保障的前提是行使有效的监督权力。为了防范创业风险投资家出现道德风险问题,投资者必须根据观测到的信息奖惩创业风险投资家,以激励其选择对投资者最有利的行动。其核心就是解决委托—代理问题,而关键在于解决信息不对称问题。委托—代理关系包括三个方面,即选聘、激励和监督。选聘要解决的是委托人如何选择代理人;激励涉及的是委托人需要采取哪些收益分配手段,以使代理人最大限度地实现委托人的目标;监督则强调委托人对代理人行为进行考核和制约,以防止代理人行为偏离委托人的目标。Stiglitz 指出,委托—代理关系是委托人如何设计出一个契约即补偿系统来驱动代理人为了委托人的利益而行动。委托—代理理论的实质是激励问题,其核心内容是在不确定性、不完全信息条件下,如何设计委托人和代理人间的契约关系,包括激励机制的设计,为代理人提供适当的激励,促使其选择使委托人利益最大化的行动。委托人为代理人设计契约机制,使代理人在这种机制下能够最大限度地追求委托人效用的最大化,即博弈的双方按照给定的机制,各自对自己的效用函数求解最大值,委托人和代理人的博弈最终达到一个纳什均衡点,在这一均衡点上,假设对方不改变决策,另一方也无法通过单独改变自己的决策和行为而提高自己的效用,从而双方都不愿意单独改变策略。此时,均衡点上的解就是可执行的最优契约解。这些激励约束机制具体包括:产权机制、治理机制、出资机制。

产权机制是激励与约束的基础。Jesen 和 Meckling 早在 1976 年就明确指出,最好让作为企业内部人的经理出资持有一定比例的股票,成为内部股东,因为这样可以把经理人的利益与外部股东的利益更好地统一起来,有效避免或降低创业风险投资家利用信息优势采取机会主义行为的道德风险问题,使得创业风险投资家的利益和投资者的利益趋于一致,从而使投资者的利益得到制度上的保障。

创业风险投资资产具有很强的专用性,契约的设计是不完全的,因此,在解决产权机制的同时,必须设计出相应的治理机制。治理机制实际上成为保护出资人、限制创业风险投资家的一种约束机制。包括:第一,顾问委员会制度。创业风险投资企业内部设立专门顾问委员会,并由出资者担任代表。顾问委员会设置的目的之一,是为了提供获取技术专家和项目的途径,同时也可以起到另一个重要作用,即对创业风险投资资金的运用进行指导和监督,以保留有限的“用手投票”的监控权。第二,明确信息披露与报告制度。第三,签订明确的限制性契约条款。例如,关于收益的再投资、限制普通合伙人的相关活动、对投资类型加以限制等诸多问题进行明确约定。

出资机制的设计对于保护出资者产权的完整至关重要。最好的办法是设置创业风险投资基金的固定期限。创业风险投资的契约设计中,基金的寿命期有限,创业风险投资家不可能永远持有基金。而且,投资者有权在将来不再投资于由同一创业风险投资家管理的基金。创业风险投资家为了继续募集新的基金,必须不断提高自己的信誉,因而固定期限的基金中信誉成为一种激励约束机制。另外,应该允许出资者实施资金的分期注入。创业风险投资契约中,投资者的出资采用分阶段投资的方式,即在每次注资之前,投资者都要对前期所投资的资本和投资项目进行考察,以确定是否继续注入资本。而且,投资者还保留放弃投资的权利,以避免更大的损失。这样的条款设计促使创业风险投资家全心全意地管理创业风险投资资本,努力寻找好的投资项目,获取高收益,与此同时,不断积累和建立起自己的声誉,获得投资者的信任,以保持长期联系。

2. 构建激励与约束相容的创业风险资本组织形式

设立有效的创业风险资本组织是创业风险资本运行的关键。构建的原则是运行成本最小化。创业风险资本组织运作成本是指组织发挥效率时产生的费用。其主要有两部分:一个是代理成本,另一个是税收。一般认为,创业风险资本组织可以采取多种形式,但大多采用有限合伙制和有限责任公司制两种。这里仅对这两种组织形式进行代理成本比较分析。制度经济学证明，所有权与经营权分离必然导致代理成本。激励约束效果的好坏，反映在企业效益上实质就是代理成本的高低。所谓创业风险资本组织机构的代理成本，就是创业风险资本管理者（创业风险投资企业管理人）为自身利益而背叛出资者所造成的出资者利益损失和出资者为监督创业风险资本管理者所花费的成本。它包含两个部分：第一，由于创业风险资本管理者的败德行为使出资人利益遭受损失，我们称之为道德风险成本；第二，出资者对创业风险资本管理者进行监督所花费的成本，我们称之为监督成本。道德风险成本与监督成本是此消彼长的关系（见图 4-1）。

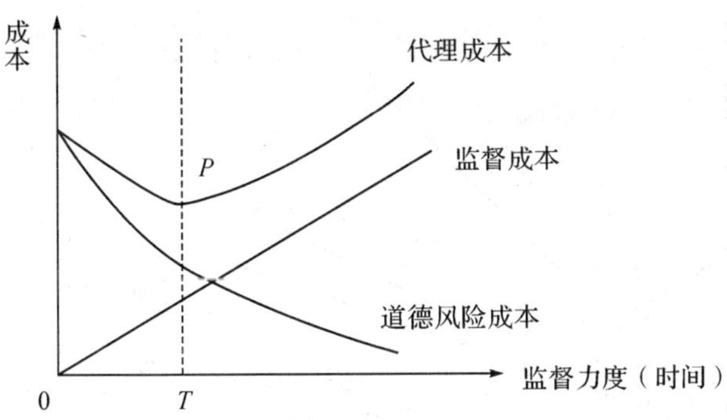

图 4-1　创业风险资本代理成本分析 I

图 4-1 中道德风险成本曲线斜率为负并向下凸，其原因是随着监督力度加大，创业风险资本管理者的道德风险降低，败德行为减少，使道德风险成本降低。但这不能完全消除败德行为，而且，监督的边际效益呈递减状态。为简单起见，我们假设监督成本与监督力度成正比变化。那么 P 点是代理成本曲线的最低点，T 点是最佳监

督力度(时间)点。有限责任公司型创业风险投资企业中,监督成本会大大提高。创业风险投资企业与一般公司相比,由于创业风险投资企业管理人与出资者之间存在更为严重的信息不对称,内部人控制的可能性更大。出资人收集有关创业风险投资企业管理人经营行为信息难度较大,成本高昂,若达到与一般公司同等监督效果,需付出更高的监督成本。在图 4-2 上体现为斜率变大,即更加陡峭的监督成本曲线 2。由此形成新的代理成本 2 和最佳监督力度(时间) T_2,与一般公司代理成本 1 相比,代理成本 2 的最低点 O 明显高于代理成本 1 的最低点 P。同时创业风险投资企业的最佳监督力度(时间) T_2 也少于一般公司的最佳监督力度(时间) T_1。

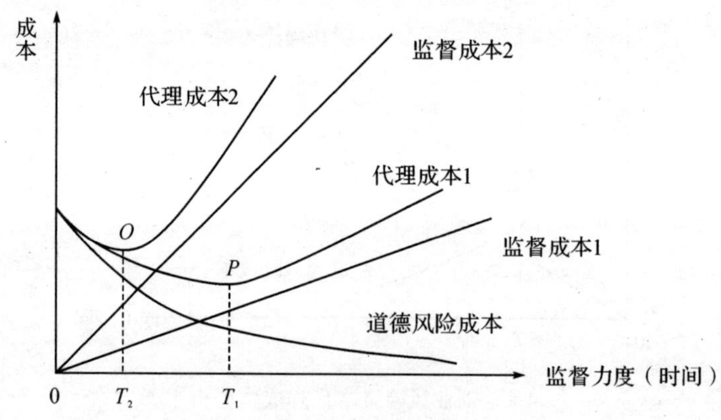

图 4-2　创业风险资本代理成本分析Ⅱ

由此得出两点结论:一是最佳监督力度(时间)从 T_1 减少至 T_2,说明出资者试图从创业风险投资企业这一组织外部对创业风险投资企业管理人进行监督是不明智的。这种监督较一般公司而言不应增加,而应减少。二是最低监督成本从 P 上升至 O 说明,即使出资者对创业风险投资企业管理人进行了最适度的外部监督,其代理成本也一定高于一般公司代理成本,即这种监督效果较差。在两权分离情况下,一方面,创业风险资本管理者不天然享有企业利润分成。虽然创业风险投资企业管理人的报酬可能与业绩挂钩,但这种做法的稳定性比较差,要在讨价还价中反复确定。另一方面,创业风险投资企业亏损甚至倒闭,亏的不是创业风险资本管理者自己的钱,创业风险资本管理者除了少拿薪金报酬之外几乎没有太多损失。相反,有限合伙制创业风险投资企业却可以完成代理成本的下降。

有限合伙制的一系列制度安排会大大降低道德成本。一是有限合伙制能有效控制创业风险资本管理者的败德行为。首先,出资者作为资金投入者而非经营者,他们仅以他们投入资金为限对创业风险资本组织承担有限责任。其次,创业风险资本管理者作为出资1%的普通合伙人,要对创业风险资本承担无限连带责任。这时他的经营权与部分所有权重合,其报酬就天然与公司的业绩挂钩了。企业利润越多,管理者股权收益越多,企业亏损,管理者股本也随之缩水。这样,就在制度上促使创业风险资本管理者努力工作。最后,有限合伙制还通过合同精心设计了一套制度来预防资本管理者的败德行为,如规定有限合伙制基金期限、有限合伙人承诺资金分期注入、“无过离婚”条款、成立特别咨询委员会、定期向有限合伙人提供会计报告等。二是有限合伙制能够有效降低运营成本。有限合伙制创业风险投资企业通过合同,事先规定资本管理者每年从基金中提取2%左右的金额作为其管理费用,这笔费用包括管理者当年在房屋租金、信息沟通、财会、律师费等方面的所有开支。如果超支,普通出资者(有限合伙人)不另行支付费用。这样,普通出资者通过费用“承包”方式将日常开支固定下来。三是有限合伙制使创业风险资本管理者的报酬与其经营业绩紧密联系。现代组织理论认为,组织的剩余索取权与控制权应尽可能匹配。在有限合伙合同中,一般规定将20%左右的投资收益分配给创业风险资本管理者。这就将创业风险资本的经营业绩变成创业风险资本管理者收入函数中一个重要的变量,从而作为一种长期、稳定的激励机制使创业风险资本管理者全身心地投入工作,实现投资资本增值最大化。通过以上分析我们知道,有限合伙制最大优点在于监督内部化,使代理成本降低(见图 4-3)。代理成本 2 和道德风险成本 1 分别表示有限责任公司型创业风险投资企业内的代理成本和道德风险成本。而代理成本 3 与道德风险成本 2 分别代表有限合伙制创业风险投资企业内的代理成本和道德风险成本。从图 4-3 看到,由于道德风险成本 2 低于道德风险成本 1,代理成本 3 的最低点 R 明显低于代理成本的最低点 O。如果考虑到由于

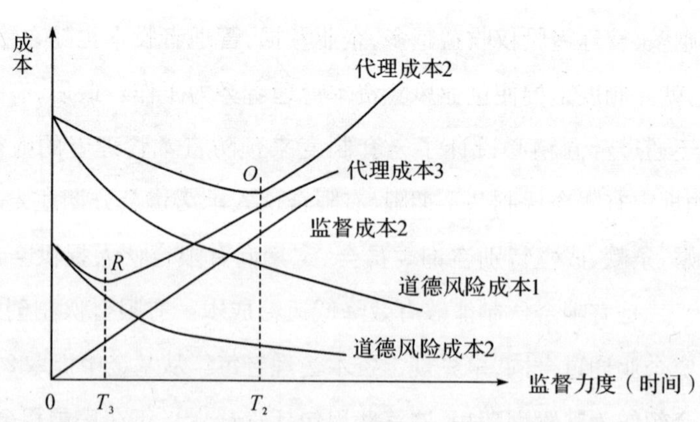

图 4-3　创业风险资本代理成本分析Ⅲ

外部监督的减少及内部信息的公开，有限合伙制公司的监督成本也随之减少，代理成本3还会下降。也就是说，有限合伙制创业风险投资企业实现了监督力度时间最少，代理成本最低的最佳状态。这个过程表现为边际成本曲线下移而边际收益曲线上移，外部利润大幅增加。正因为如此，我们认为，有限合伙制是创业风险资本的最佳、最有生命力的组织形式。

3. **剩余索取权分享**

契约理论认为，由于信息的不完善，事前的契约都具有不完备性。所谓契约的不完备性，是指一项契约不可能完全涵盖现实中关于契约的各种可能，在事后也不可能被不折不扣地执行，也即契约不可能精确地规定各当事人在每一种可能状态下所应履行的义务，以及每一种意外情况下所对应的成本与收益的分担。现实世界充满了不确定性与复杂性。有限理性的人不可能对纷繁的现实做出完全的估计，并据此拟订详尽的行动计划。加上机会主义的存在，使缔结完备的契约更加困难。另外，契约可以利用的自然语言本身常常就是含混的，具有模糊性，对现实世界的描述一定程度上模棱两可，因此契约必然是不完备的。按照契约理论的观点，由于产权权能的可分割性，以及事件发生的不可预测性，事先的合同安排不可能罗列出所有的权利、义务关系，因为有许多权利或利益的衍生往往是无法预见的，这部分权利的归属即剩余索取权的归属就是产权界定中的重要议题了。所以，契约理论认为，所谓产权归属，就是剩余索取权的归属。剩余索取权明确了，产权也就明确了。

我们知道，产权是由使用权、收益权、处分权与让渡权等一组权利组成的,其中最重要的是使用权与收益权。所谓的剩余权,就是主要针对产权中的使用权与收益权而言的,即剩余使用权与剩余收益权。所谓的剩余使用权(企业组成后演化为财产剩余控制权)是在契约不完备的前提下存在的,相对于契约条款列明的或已做规定的特定使用权而言,被条款所遗漏或未加以规定的,对资产的使用做出决定的权力。在创业风险资本分析中,剩余使用权就是在契约(明显的或隐含的)不能预测和穷尽一切的情况下,对创业风险资本的投向、投入方式、管理等的支配裁决权。剩余收益权(也可称为剩余索取权)是在契约不完备的前提下存在的,对契约不能准确预期、描述或证实的那部分收益的获取权利。在创业风险资本分析中,剩余收益权就是分享资本增值的权利。现代产权理论认为,现实中企业由于建立的契约都是不完备的,产权的关键就是明确在契约对决策权没有规定的时间和地方实施剩余使用权的权利,以及在契约履行之后,取得剩余收益的权利。资本效率的关键就是契约对剩余使用权和剩余收益权的分配是否达到最优。Frank Knight 早在 1992 年就指出,剩余索取权应当与控制权相对应,否则,“廉价投票权”会使不称职的经理更有可能控制企业。这里的控制权是指选择和监督经营管理者的权力及经营决策的权力。Dewatripont 和 Tirole(1994)认为,剩余索取权是使拥有控制权的人采取恰当行动的激励机制。而 Grossman,Zhang 和 Hart(1994,1996)等则认为,剩余索取权应尽可能分配给创业风险资本基金中最重要的成员,因为他们的积极性对企业成败最为关键。Zhang,Yang 和 Ng(1994)的研究表明,剩余索取权应尽可能分配给创业风险资本基金中最具有信息优势、最难以监督的成员,因为对他们来说最为有效的监督办法是让他们自己监督自己。综合以上观点,谁对资产运作作用最大,谁就应该拥有剩余权。如果 A 者的人力资本是资产运行必不可少的,或他的行动对资产价值的影响最大,而 B 者的人力资本不是资产运行必不可少的,或者他的行动对资产的价值影响较小。那么,由 A 拥有资产就最为有效。

创业风险资本组织是由创业风险投资企业管理人的人力资本与创业风险资本出资者的非人力资本共同组成的机构。创业风险投资企业管理人的人力资本具有不同于一般企业经理人员的人力资本的独特性。创业风险投资企业管理人的职能是选择创业企业进行投资,并对企业提供增值服务。在投资经营过程中,由于创业企业存在高度不确定性,投资决策蕴涵着较高风险,从而对创业风险投资企业管理人的决策能力和承担风险的能力提出了很高要求。但关于创业风险投资企业管理人的能力和行为的信息分布具有不对称的特征,而且创业风险投资企业管理人作为一种人力资本承担风险的能力是很有限的,但创业风险投资企业管理人不承担风险情况下势必诱发机会主义行为。由于对其监督的困难,给予创业风险投资企业管理人剩余索取权和剩余控制权是解决监督和激励困难的有效手段。相比之下,创业风险资本出资者的非人力资本具有承担风险的特征。他们理所当然地应该被赋予剩余索取权。所以,创业风险投资企业管理人和创业风险资本出资者都应该拥有剩余索取权,创业风险投资企业管理人拥有剩余索取权是因为他特殊的人力资本和难以监督,创业风险资本出资者拥有剩余索取权是因为他是非人力资本的所有权人,是理所当然的风险承担者。

所以有效的产权设计应承认创业风险投资企业管理人的人力资本的重要性,使创业风险资本出资者与管理者同时作为风险承担者和收益者出现在契约当中。要求创业风险投资企业管理人在创业风险资本中占有部分份额,通过让管理者出具相当于其个人资产总额的一定比例的资本,拥有创业风险投资企业一定股份,这样创业风险投资企业管理人既拥有对创业风险资本的经营使用权,又同时获得了与其人力资本相关联的资本收益权,也就是把创业风险资本的剩余使用权和剩余收益权结合在一起交给创业风险投资企业管理人。即创业风险投资企业管理人既是创业风险资本的管理者又是创业风险资本的出资人。使其承担决策的后果。这样创业风险投资企业管理人就拥有了剩余索取权,以剩余索取权作为激励,让他自己监督自己,以降低代理成本,同时,作为出资者他也具有了承担风险的能力。从而,效用最大化动机会驱使其做出最优决策,并能对其他要素的投入进行有效监督。

4.2 基于产权视角的创业风险投资吸纳机制

从产权意义上来说,创业风险投资吸纳机制应该最大限度地体现创业风险投资出资者产权的完整性,产权的完整是民间资本进入创业风险投资领域的制度需求。国内外学者还没有专门针对创业风险投资筹资机制的研究,但关于创业风险投资发展支持环境的研究已经比较深入。我们认为,关于创业风险投资发展支持环境要素的研究对我们构建创业风险投资吸纳机制有很大借鉴意义。原因在于,创业风险投资的各个运作环节相互影响和作用,创业风险投资的发展水平与资金吸纳能力紧密联系在一起,吸纳能力越高、资金筹集越多,创业风险投资发展水平越高、规模也越大。所以,创业风险投资发展支持环境要素一定程度上也是影响创业风险投资吸纳机制的要素。

美国学者拜格瑞和蒂蒙斯(Bygrave and Tirntnons,1992)对美国创业风险投资业的外部环境进行了全面的审视和考察,提出了围绕创业风险资本内核的政府政策环境(包括教育、社会保障、科学发展计划、产业组织法律法规、资本市场法律法规等)、文化/社会价值环境(包括企业家的示范效应、对经验和成绩的认可、社会对失败的宽容、对企业家精神的鼓励等)、机构环境(包括私人研究机构、政府研究机构、师资队伍、大公司和大学等)和地区环境(包括地区基础设施、地区商业环境与政策、临近的资源、工业的组合与集中)四个外部环境模型,为创业风险投资公司的环境评价提供了重要依据。

奥地利的彼得·舍费尔和罗兰·莱廷格(Peter Schofer and Roland Leitinger,2002)两位博士在分析中、东欧国家创业风险投资环境现状的基础上,提出了包括经济、法律、社会和创业精神四个方面的创业风险投资支撑环境框架,建立起了创业风险投资支撑环境指标体系,并对捷克共和国、爱沙尼亚、匈牙利、波兰、俄罗斯、斯洛伐克、斯洛文尼亚七个国家进行了实证研究。

美国学者拉菲克·多萨尼和马丁·肯尼(Rafiq Dossani and

Martin Kenney,2002)分析了印度的创业风险投资环境,并以印度、以色列为例,研究了创业风险投资制度与环境的相互作用关系,指出任何一种制度在向外移植的过程中,在其他环境下建立都是一个非常困难、不断失败和不断学习的过程;阻碍创业风险投资制度在美国以外国家移植的因素包括文化因素、法律体系、不易改变的制度、人才缺乏等。

罗兰·J. 吉尔森(Ronald J. Gilson,2002)分析了美国创业风险投资的发展过程,指出美国创业风险投资的建立和发展是与美国特定的环境相关的,其他国家的政府要效仿美国模式建立自己的创业风险投资,必须考虑到自己国家的环境,需要解决资本、特殊的金融中介、创业者三个核心问题。

德国的阿斯特丽德·罗曼和布鲁诺·冯·波特斯博格(Astrid Romain and Bruno van Pottelsberghe,2003)在理论上确定了三个影响创业风险投资需求与供给的因素:宏观经济环境、技术机会和创业环境,其中,宏观经济环境指标包括 GDP 增长率、短期和长期利率;技术机会指标包括研发增长率、知识储备和专利数量;创业环境指标包括公司所得税、创业活动和人才市场的流动性等,并收集了 16 个经济合作与发展组织(OECD)国家 1990—1998 年的数据资料,对上述指标与创业风险投资强度的关系进行了分析论证。

中国社会科学院金融研究中心课题组(1998)认为,科技与资本结合离不开政策环境、体制环境和金融环境的支持。其中倾斜性的政策能提高创业风险投资投入的相对收益率;相应的体制环境如法规、法制保障,可以使创业风险投资与创业活动有安全感;而系统的金融支持可以保证创业风险资本顺畅运行。

陈德棉、蔡莉(2003)在《创业风险投资运行机制与管理》一书中对创业风险投资公司的支撑环境进行了系统论述,并将其划分为物质支撑环境、制度支撑环境和文化支撑环境三个层面。

侯开照(1999)在论文《创业风险投资环境的培育与优化》中指出,从世界范围来看,创业风险投资产生和正常运行的前提有三:一是相对成熟的、发达的市场经济及相对发达的金融业;二是具备一定的高新技术产业化基础,包括技术开发能力、技术转化水平、市场行销范围、创业群体(创业业主或者创业企业家、人才);三是具备一定的人文环境,包括创新意识和观念、风险意识和观念、敢于和善于冒风险、驾驭风险的智慧和勇气等。

寸晓宏(2000)研究指出,美国之所以能成为世界上创业风险投资业最发达的国家,得益于健全的政策扶持体系、完善的法律制度环境、发达的人才培养体系、世界一流的资本市场、发达的科技运作体系等环境的综合作用。因此,创业风险投资的环境系统泛指创业风险投资发展所需的各方面的条件,主要包括政策环境、法律环境、人才环境、资本市场、科技环境等。

刘德学、樊治平(2002)在《创业风险投资运作机制与决策分析》一书中,论述了创业风险投资区域环境评价问题。他们在对创业风险投资各个影响因素进行详细分析的基础上,从科技与产业基础、技术与资本市场、基础性环境三个方面建立了区域创业风险投资环境评价指标体系,给出了静态和动态的综合评价方法。

浙江大学的范柏乃(2003)在北京、上海、浙江等地对影响我国创业风险投资有效需求的障碍因素进行问卷调查后分析指出，现阶段，对我国创业风险投资有效需求影响最大的五个障碍因素依次分别为：企业缺乏优秀人才、企业注册资本太高、科技投入缺乏法律保障、现行知识产权制度不完善和政府对高技术产品采购不力。

借鉴国内外学者已有的研究成果，我们构建了创业风险投资吸纳民间资本的机制，认为，创业风险投资吸纳机制实际是创业风险投资主体在内部机制与外部机制的共同作用下，根据自身的投资偏好和战略需要，对处于相应发展阶段创业企业所进行针对性介入的一套相互影响与相互作用的保障与运行体系。该体系的核心是促进和保障民间资本产权的完整。在这个体系中，投资主体的出资愿望受内部机制、外部机制和创业企业的共同影响，政府诱导机制同时可以作用于各个方面，成为创业风险投资吸纳机制的重要一环。具体如图 4-4 所示。

4.2.1 创业风险投资的主体

在我国，广义的民间资本一般指的是除国有资本以外的其他资本。狭义的民间资本主要是指除国有资本和外资以外的其他资本，本书采用广义民间资本的定义。国有资本主要包括政府和国有独资企业以及它们参股企业中的国有资本。所以，在创业风险资本的来源中，民间资本主要包括个人资本（个人、家庭）、个体工商户、私营企业、机构投资者（养老基金、证券公司、银行等）、外资等。

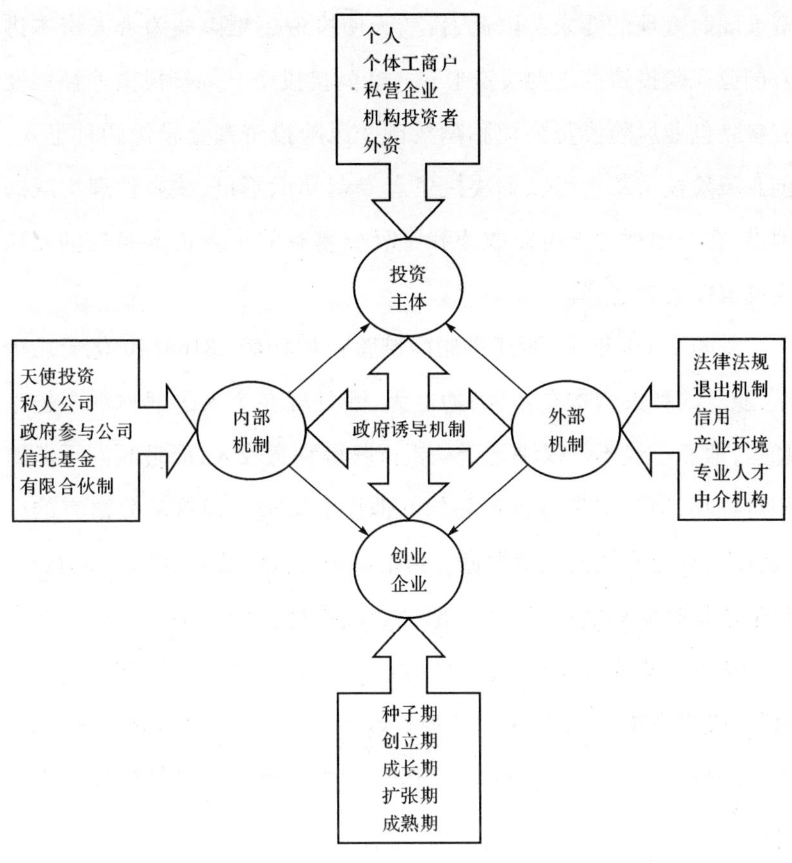

图 4-4　创业风险投资吸纳机制

1. 个人资本

个人资本主要是指富有的家庭或个人的投资。一般来说，富裕的个人资本转化为创业风险资本主要通过两种途径：①直接投资。个人进行直接创业风险投资的方式就是天使投资，也就是运用自有资本对创业企业投资。这种方式要求投资者有比较高的投资禀赋和创业精神。创业风险投资属长期投资，流动性差，而居民个人一般有资金随时变现的要求。因此,目前天使投资还难以成为个人资本进入创业风险投资的主要投资形式。②间接投资。间接投资途径主要有参股创业风险投资公司和购买创业风险投资基金股份两种形式。创业风险投资基金可以解决投资者专业知识不足、缺少管理实践的困难,在一定程度上可以成为我国吸引富有的个人资本参与创业风险投资的有效选择。

截至2009年末,浙江省居民储蓄存款余额18169.40亿元。可见,浙江的私人资本充裕,潜力巨大,而且现在个人的理财观念越来越强,他们已经不仅仅满足于从银行获得利息收入,而是倾向于风险相对较高,但资本收益也较高的其他投资渠道。但这部分富有的个人资本,缺乏有效的投资渠道。目前城镇居民除储蓄存款外,主要投资渠道是股票和债券,还有一部分居民选择投资房地产。甚至许多个人资本汇集成民间私募基金成为"游资",从事"炒楼"、"炒房"、"炒煤"等投机资本。因此,通过政府的政策引导,采用适当的金融工具,将这部分资本引入创业风险投资,可以为我省创业风险投资提供足够的资金。

2. 个体工商户

个体工商户一般经营规模小,但集聚了整个家庭甚至家族的力量,资金总量非常庞大。其特点是能够承担一定风险,而且经营灵活,具有敏锐的嗅觉。它们完全可能在维持主营业务的同时,拿出部分积蓄从事资本运作。这是浙江创业风险投资的潜在来源。

浙江个体工商户总数位居全国前列,2009年末,有个体工商户191万户,从业人员300万人,总产值达7000多亿元。近年来,群众创业热情持续高涨。个体工商户数量持续增长,总量创历史新高,平均每天净增1000个创业主体。全省有50.6%的中小企业拥有自己的企业网站,有20.8%的企业已使用电子商务。全国有将近70%的行业网站聚集在浙江省。我省个体经营户主要集中在批发和零售业、工业、交通运输业、住宿和餐饮业、居民服务和其他服务业等五个行业,占全省个体经营户总数的93.8%。其中,批发和零售业个体户占46.3%;工业个体户占22.2%;交通运输业占11.5%;住宿和餐饮业占6.6%;居民服务和其他服务业占7.2%。

3. 私营企业

私营企业是创业风险投资领域一支非常活跃的参与力量,它们有着雄厚的资金实力,在创业风险投资中有不可或缺的作用,是目前除政府资金外最现实可行的创业风险资本来源之一。[1] 私营企业进行风险投资的主要目的不仅仅是为获取投资收益,更重要的在于保持对技术和市场发展的敏锐洞察力,拓展企业经营领域,带来新的利润增长点。具体来讲,这些企业从事创业风险投资的目的,一是通过高新技术创业风险投资,为企业打开了解前沿科技的窗口,以期从战略上对世界范围内的科技发展趋势进行预测,并据此对企业发展战略做出相应的调整;二是通过高新技术创业风险投资,与被投资企业建立战略伙伴关系,互惠互利,以合作取代竞争,共同对付来自第三方的挑战;三是通过对高新技术小企业进行适当的创业风险投资,鼓励小企业的技术创新,这样既可减少自己研发的费用和风险,又可吸收小企业技术创新的优势,提高本企业研究开发的效率;四是通过创

---

[1] 刘健钧.中国创业投资体制构想.科技日报,1998-10-29.

业风险投资，培养一批具有专业素质和管理才能的创新型人才和投资管理人才，为企业发展提供人力资源支持，促进企业的长远发展。在国外，企业资本参与创业风险投资正在成为一种趋势，如西门子、拜尔等公司都介入了创业风险投资，IT 业巨头微软也开始进入创业风险投资领域。

浙江规模以上的私营企业，2009 年为 5.14 万家；规模以下的企业 78.25 万家。私营企业日均新登记 233 家，投资者人数 100 多万人，雇工人数 600 万人，注册资本 7000 多亿元。在全部企业法人单位中，私营企业法人占总数的 80.7%。民企规模实力不断攀升，全省私营企业户均注册资本达 207 万元，其中，全省企业集团总量达 1465 家。民营经济居全国首位。截至 2008 年 12 月，全省累计注册商标 31 万余件，国际商标注册累计达 2.4 万件，驰名商标累计达到 239 件，农产品证明商标 58 件，均居全国第一。截至目前，全省认定 1886 家浙江省著名(包括驰名商标)商标企业的产值为 5809 多亿元，占全省生产总值 11243 亿元的 39.6%。近几年，浙江不少民营企业和股份制企业经营业绩势头良好，私营企业创造的 GDP 占据了全省总量的 70%以上，已成为全省经济的重要组成部分。中科院公布的全国 50 强，浙江占 19 席。浙江私营经济的增长态势、综合实力、外拓能力、第三产业、产业结构、新型产业、参与新农村建设、企业家的综合素质等各方面，始终处于全国民营经济的前列。

4. 机构投资者

机构投资者包括各种基金、保险公司、银行、证券公司等，它们掌握着大量闲置资金，应该成为创业风险资本的主要来源。[1] 由于我国社会保险体制改革较晚，社保基金投资还仅限于银行存款、买国债，收益率低，无法满足基金保值增值的要求。因此，必须找到社保基金增值的办法，有步骤地增加养老金投资工具，适度放宽社保基金可进入的投资领域。[2] 近年来西方国家社保基金广泛参与投资基金的经营活动，已经成为一种发展趋势。其参与使创业风险投资市场规模极大膨胀，推动创业风险投资成为真正意义上的产业。发达国家社保基金资产管理的经验值得我国借鉴，通过允许我国养老金进行风险投资，符合国际潮流与我国国情，一方面可以找到养老保险基金增值的办法，分散风险，提高收益，另一方面也会给创业风险投资基金带来巨量资金注入，拓宽了风险投资资金来源。[3]

我国保险业发展迅速，发展潜力很大。尽管我国保险基金投资收益率有了明显提高，但是这很大程度上受资本市场行情影响。由于政策限制，保险资金运用渠道过窄，银行存款在保险资金运用中仍占有较大的比例，保险资金的运用结构有待完善，投资能力也需提高。这种运用结构不利于收益性、流动性、安全性的结合，难以起到保险资金资源的优化配置作用和达到保险资产与负债相互匹配的要求。我国保险业未来保险资金总量相当可观，巨额资金存量届时如果没有合适的投资对象，将会给保险公司的资本经营带来极大的金

[1] 范柏乃，沈荣芳，马国庆. 中国风险投资供给机制与发展策略研究. 上海交通大学学报，2001(1).

[2] 王守仁. 论中国创业投资十大问题. 中国风险投资，2004(9).

[3] 余晓箭，李松涛，余自由. 养老保险基金的投资策略分析. 科技进步与对策，2003(10).

融隐患。而目前我国保险资金运用现状,远远不能满足使保险资金增值的目的,因此必须开拓出新投资领域来保证其资金的收益性。受现行保险法的限制,目前我国保险机构的资金难以进入创业风险投资领域。因此,在政府在加强监管的前提下,待条件成熟之时,可以放宽对保险机构基金使用上的限制,允许一定比例的保险资金以适当的方式进入创业风险投资领域。只要控制好风险,这一举措既符合保险公司资本增值的需要,又为创业风险投资提供了稳定、长期的资本来源,必将促进创业风险投资业的大发展。

浙江金融资本活跃,基金规模庞大。以养老金和保险金为例,2007 年全省企业职工基本养老保险基金总收入 598.45 亿元,比上年增长 31.13%,其中基金征缴收入 539.11 亿元,比上年增长 32.69%,全年基金总支出 419.36 亿元。也就是说,养老基金还有很大一部分是闲置的,根据浙江省 2008 年 3 月 5 日召开的保险工作会议上的资料显示:2007 年浙江省共实现保费收入 577.1 亿元,继续位居全国前列,其中财产险保费收入 157.1 亿元,同比增长 30.6%;人身险保费收入达到 420 亿元,同比增长 10.3%。这些都可以有效支撑我省创业风险投资的发展壮大。

5. 境外资本

依据资本的来源结构,可以将创业风险投资分为外资和内资。外资包括境内和境外两个部分。境内外资是指通过外商独资和合资合作而取得的创业风险投资;境外外资是指境外机构直接投资于中国大陆的创业风险投资。

中国经济高速发展以及合理的政策取向吸引了大批境外创业风

险投资入境，到目前为止，在国内活动的国际创业风险投资基金大约有 40 余家，包括早期进入的 IDG、华登、霸菱、中经合集团以及新近的软银(Softbank)、英特尔(Intel)、高盛集团(Goldman Sachs)等。但这些基金实际投入的数量并不太多，总计仅 3 亿美元左右，随着近来国际互联网投资热的降温，由境外投入我国的创业风险投资增长趋缓。

引进外国创业风险投资有利于浙江创业风险投资制度环境的培育，打破目前非效均衡，尽早促使创业风险投资产权完善化。具体体现是：第一，有利于解决创业风险投资家专业人才的短缺问题。创业风险投资的基本技能大部分是靠“干中学”取得的，根据美国的经验，培养一名创业风险投资家大约需要 8 年的时间。因此，培育创业风险投资家阶层需要相当长的时间。美国的创业风险投资家有很大一部分来自于成功的创业者和创业家，对我国这样一个缺乏创业家人才的国家，培养创业风险投资家阶层所需的时间将会更长。在引进创业风险投资的同时也引进了国外高素质的创业风险投资家人才，而国内的创业风险投资机构也可以通过与国外著名的创业风险投资机构合作，尽快培养出本土创业风险投资家。因此，可以大大加快创业风险投资市场培育的进程。第二，有利于缓解退出机制不健全问题。由于外资创业风险投资机构大多与国外创业板市场已经建立有良好的合作关系，因此可以充分利用国际创业板市场，从而可以大大缓解创业风险投资的退出问题。事实上，从我们的问卷调查情况来看，内资创业风险投资机构大部分将缺乏退出机制选为制约我国创业风险投资业的最主要障碍，而外资创业风险投资机构则很少将退出机制选为主要障碍。以色列成功的经验也证明了这一点，目前在美国 NASDAQ 市场中，以色列上市公司的数量仅次于美国，在某种程度上可以说，是美国的 NASDAQ 市场培育了以色列创业风险投资市场。第三，能够为创业者带来先进的管理理念和高水平的增值服务以外，还可以充分利用境外创业风险投资机构的关系网络和信誉，整合各种资源，并为创业企业进入全球市场，参与国际竞争与合作创造了良好的条件。比如引进人才（尤其是高级管理人才）、与国外企业建立战略联盟等，而这些资源是国内创业风险投资机构难以整合的。第四，可以通过示范作用带动国内民间资本进入创业风险投资市场。随着浙江市场经济的发展，第一代民营企业家已经完成了原始资本的积累，这些民营企业家是浙江潜在的创业风险投资及创业风险投资家的来源，但由于缺乏创业风险投资运作机制，他们目前大部分还处于观望状态，境外创业风险投资在国内的成功运作可以起到示范作用，促进这些民营企业进入创业风险投资领域。第五，有利于吸引海外高新技术人才来到浙江创业，打破高新技术创业人才匮乏对创业风险投资市场发展的制约。境外创业风险投资机构在带来创业风险投资的同时，利用其声誉和关系网络，能够吸引大批海外高新技术创业者回国创业，并通过示范作用，带动本国科技人员的创业，而高新技术创业人才的不断涌现和聚集又为创业风险投资提供了大量的投资机会，从而吸引更多的创业风险投资进入该地区，带动创业风险投资的聚集，促进创业风险投资市场发展。

截至 2009 年末，浙江全省外商投资企业共有 27417 户。其中，法人企业 19387 户，分支机构 6231 户，来华从事经营活动的外国（地区)企业 13 户。截至 2008 年 6 月底,全省现有各类外资企业占全省工业企业总数的 2.5%;从业人员 215 万人,占总数的 14.5%。在被调查的 250 家外资企业中,从投资规模来看,总投资 500 万美元以下的占 43.7%;500 万～3000 万美元的占 43.7%;3000 万美元以上的占 12.6%。从产业结构来看,制造业占 80%,其中,高科技企业占 21%,第一产业和第三产业分别占 11%和 9%。从投资国别(地区)结构来看,来自我国香港特别行政区的企业占 23.5%,其他依次分别是日本、美国、我国台湾地区、韩国、英国、德国、新加坡等国家和地区。从投资方式来看,56%为中外合资企业,43%为外商独资企业,其他形式为 1%。据不完全统计,1995—2010 年,先后有 70 多家国外创业风险投资基金进入我国,但浙江省创业风险投资没有境外资本参与。

综上所述,我省充裕的民间资本具备为创业风险投资提供充足的资本的实力,也为浙江发展创业风险投资提供了坚实的资本基础。在我省创业风险投资发展的现阶段,我们的首要任务就是积极吸引个人投资、社会养老金、保险基金、企业资本等大量的民间资本进入到创业风险投资领域。在吸引民间资本的同时,政府的支持是不容忽视的。要充分发挥政府创业风险投资引导资金放大器的功效。主要通过由财政出资设立的政府引导基金,来引导其他创业风险投资基金投资具体项目,进一步拉动、吸引更多的民间资本力量参与到创业风险投资中来。

4.2.2 内部机制

内部机制实际为创业风险投资主体以什么样的形式介入创业风

险投资,也即民间资本的聚合方式。在创业风险投资运作过程中直接体现为组织形式问题。不同的组织形式选择,意味着不同的制度安排,对创业风险投资主体的吸引力有很大区别,将带来不同的吸纳效率。许多学者在论及创业风险资本筹集时,都强调资本组织形式的重要性。[1] 在创业风险投资这一经济体系中,利益主体有三个:投资者、创业风险投资家(简称风险家)及创业企业家(简称企业家)。三方进行合作的基础是有着互补型的资源禀赋——资本、投资与管理技能、高新技术,且三者不能相互替代,三方共同的目标是获得高额的回报。创业风险投资运作的成功,取决于三方的精诚合作,然而在实践中,出于对自身利益的维护,在存在机会成本及信息不对称条件下,三方均有可能产生背叛行为,如投资者可能停止对风险家追加投资;或风险家为谋求自身的利益而牺牲投资者的利益,如不尽力监管、收取过高管理费、滥用投资机会等。选择不同的组织形式,三方利益主体将在博弈中选择不同的战略,产生不同的均衡,出现不同的结果。

1. 天使投资人

天使投资人指提供资金给其认为有巨大潜力的企业的个人,他们在决定投资时极少介入投资对象的运作。天使投资是创业风险投资接力赛跑中的第一棒,也是最重要的一棒,创业企业从天使资本市场获得初创资金,将来才更有可能从更加正规的创业风险资本市场获得融资。民间资本中那些由少数甚至是极少数富有阶层掌握的资

---

[1] Gompers, Paul A, Josh Lerner. The Venture Capital Cycle. The MIT Press, 1999c.

本绝大部分可以用来进行创业风险投资，这部分资本将会成为天使资本的主体。天使投资的缺乏，大大延缓了我国创业风险投资启动的步伐。

尽管国家多次降息，以推动民间投资，但一方面，由于配套的社会保障制度如住房、医疗、养老等未能及时确定，居民对未来收入预期不明而加重了后顾之忧，即使个人有一定的投资能力，在对未完善制度心存顾虑的情况下，不会贸然投资；另一方面，想要投资的居民，由于缺乏投资渠道、投资信息及投资经验，不知如何投资、投向何方，为民间投资提供项目、政策、管理、信息、技术咨询及促进劳动力要素流动的社会中介组织不健全，投资服务市场落后，甚至在一定程度上还是空白，这些都限制了浙江创业风险投资对民间资本的需求。

2. 私人公司

目前，公司制创业风险投资机构一般为股份有限公司和有限责任公司。在 20 世纪 80 年代以前，美国主要采用这两种组织形式。该组织形式适用于《公司法》，按照两权分离的原则进行经营，一般设立董事会，由主要出资者组成，投资者一般是企业。创业风险投资家作为公司的管理者，仅在其行为违反义务规定的情况下才承担责任，责任远不能同经营业绩挂钩。并且在信息不对称的情况下，公司股东无法有效地控制其道德风险。从运作成本来看，采用公司制，公司作为纳税主体，须缴纳相关所得税，投资者得到的利润又须缴纳个人所得税，由此出现双重征税问题，且实行公司制度无法有效控制公司日常管理费用，加大了公司成本，降低了投资回报率，这必然要削弱投资者合作的信心。另外，由于创业风险投资家作为公司管理人，仅仅是公司的雇员，不可能从收益中获得高额分成，使其拥有的特殊投资与管理资源禀赋价值得不到充分体现。综上所述，在公司制度中，投资者与创业风险投资家的纳什均衡均为背叛。❶

3. 政府参与公司

政府参与公司即政府参股或国有企业参股的有限责任公司。有学者认为，在我国要想把社会闲散资金引向创业风险投资市场，最适宜的方法便是建立国营而非国有的创业风险投资公司。因为众多投资者在心理和财力方面承受不了正常风险和被私人经营者贪占甚至诈骗的双重风险，公司主要应以股份制形式向政府机关、各商业银行、国内外企业和个人募集资金，公司以投资综合效益保持资金回收。

考虑到我国居民自主投资意识、风险意识比较薄弱及政府信用较高的现实，为了有效利用民间资金，在浙江可以组建“民投国营”的创业风险投资公司，采取股份制的形式组建，并可发行风险债券，民间投资者既可以持有股票的方式，也可以购买债券的形式投入创业风险投资公司。这种形式的创业风险投资公司有以下优点：高创业风险投资公司的信誉，使居民可以放心地将手中的闲散资金委托其经营，保证了创业风险投资公司的资金来源；有利于聚集高水平的经

❶ 也有学者对我国目前建立有限合伙制创业风险投资企业提出质疑，认为该机制难以控制创业风险投资家滥用权力；有限合伙制寿命期短且稳定性差，不利于资本筹集；中国缺少成熟而富有的机构投资者和个人投资者；缺乏合格创业风险投资家；法律障碍短期内难以克服等。主张建立股份有限公司制或有限责任公司制创业风险投资机构。参见：陈业宏，文杰．对我国采取有限合伙创业投资的质疑．武汉大学学报，2004(3)；谈毅．我国风险投资制度安排的演进与创新．研究与发展管理，2004(3)；刘健钧．创业投资制度创新论．北京：经济科学出版社，2004.

营专家、技术专家和金融专家对创业风险投资项目做出科学的评估，并直接或间接地参与风险项目的管理，监督风险资金的使用，以保证创业企业的成功和创业风险投资的获益：有利于吸收有实力的金融机构、企业集团以及各种社会基金参股，以增大创业风险投资的力度。

4. 有限合伙制

有限合伙制目前已成为美国最主要的一种创业风险投资组织形式。在这种制度安排下，创业风险投资家作为普通合伙人，负责管理合伙公司的投资，对公司负有无限责任，同时也提供少部分的合伙资金(通常占1%)，这必然促使创业风险投资家尽力降低过大的投资风险。[1] 合伙公司通常生命有限(一般不超过十年)，创业风险投资家为了生存必须不断地设法筹集新的资金，组成新的合伙公司。对于投资者而言，决定是否注资的最重要的因素之一便是创业风险投资家的经验和声誉，因此创业风险投资家一旦出现背叛行为，便很难继续在创业风险投资界生存。这种安排促使创业风险投资家有足够的压力努力增进合作。投资者作为有限合伙人，提供其余的资金，且仅在出资范围内承担有限责任。每个合伙人在合同里规定固定的生存年限，使得创业风险投资家不能永远控制基金，同时有限合伙人有权以违约处罚的方式甚至按“无过离婚”的条款规定撤出已缴纳的资金。另外，有限合伙人还可以通过合伙人协议限定普通合伙人的投资活动以维护自己的利益。这使得投资者的利益得到了充分保证。在有

---

[1] Shleifer, Andrei, Robert W Vishny. A Survey of Corporate Governance. Journal of Finance 52,1997:737-783.

限合伙制的激励机制方面，创业风险投资家将获得投资收益的20%，使其投资收益远远高于其管理报酬，同时为抵消创业风险投资家偏好风险的倾向，惩罚业绩较差的创业风险投资家；在雇用条款中设有购回条款，在规定的情况出现时可以收回管理者所持有的股份等，这些将产生十分明显的激励机制，促使创业风险投资家为增进自身利益全力争取投资成功。❶ 另外，有限合伙制一般规定，有限合伙人不直接干预经营活动，只有创业风险投资家可以参与管理事务，这保证了创业风险投资家在管理中的独立地位，使其日常经营活动可以不受外界干预。这些均有利于创业风险投资家减少背叛行为，增进与投资者的合作。❷ 因此，采用有限合伙制，将在适当的保证及奖惩机制安排下，加大合作的可能性。

5. 信托基金制

国外有相当数量的创业风险投资活动是通过传统的信托基金制度运作的。这种组织形式的运作效率介于合伙制和公司制之间，依靠信托契约来确定投资者、管理者之间的权责利。其运作效果如何，关键的因素是看投资者作为委托人赋予受托人——基金管理者的权利运用范围。信托制的收益分配方式比较灵活，可以兼顾投资者和管理者的利益。同时，国家也可以通过一些制度安排和政策支持等方式进行扶持，如减税等，以增强基金的吸引力。

---

❶ 谈毅. 我国风险投资制度安排的演进与创新[J]. 研究与发展管理，2004(3).

❷ Gompers，Paul A，Josh Lerner. What Drives Venture Capital Fund Raising?. Brookings Papers on Economic Activity-Microeconomics，1998：149-192.

实践证明,效率最高的组织形式是合伙制,[1]其次是信托基金制,再次是公司制。但不同的出资主体,期待的介入创业风险投资模式有很大区别。[2]

2010 年 6 月至 9 月,我们课题组通过学生利用暑期社会实践活动组织了一次问卷调查,调查的对象主要是作为个体工商户或私营企业所有者或管理者的学生家长、保险公司、民间银行、证券公司和在杭州的外商投资企业,发放问卷 312 份,回收有效问卷 210 份。其中涉及个人的占 20%,涉及个体工商户的占 28%,涉及私营企业的占 21%,涉及金融组织的占 18%,涉及外资的占 13%。结果显示,被调查的个人资本所有者认为,最希望介入创业风险投资领域的组织形式是信托基金(占 34%)和天使投资(占 25%)。在被调查的个体工商户中 31%的人认为自己可以考虑跟随政府出资参与组建创业风险投资有限责任公司,30%的人认为可以通过有限合伙制方式介入创业风险投资,还有 28%的受访者接受以信托基金形式参与创业风险投资。而对私营企业主所进行的调查中,37%的受访者希望以有限合伙制方式进入创业风险投资,其次是私人公司形式,占受访者的 24%。在金融组织当中,有 38%的受访者表示愿意以信托基金方式进入创业风险投资领域,还有 21%的受访者希望以有限合伙制方式进入。在外资企业中,大部分外商可以接受有限合伙制方式,占受访者的 31%,其次为私人公司(27%),再次为信托基金(19%)。

---

[1] 梁欣然. 风险投资的资本结构[J]. 中华儿女(海外版),2000(20)

[2] 徐永前. 风险投资机构的治理机制选择与有限合伙[J]. 中国风险投资,2002(1)

4.2.3 外部机制

1. 外部机制的构成要素分析

(1)法律法规

市场经济是一种契约经济。创业风险投资相关法律法规就是为了规范创业风险投资人、创业风险投资家和创业企业家之间的一系列经济、法律行为,界定创业风险投资参与人的权利和义务。国内外学者的研究表明,税法[1]、养老基金管理条例[2]等法律法规对于创业风险投资资本的筹集有非常重要的作用。邵鲁大学的沃恩·F.凯瑟林(Warne F. Katharine,1988)认为,1978 年的资本利得税的削减虽然削减了风险投资的回报率,但也增加了总的创业风险投资。而詹姆斯·M.波特巴(James M. Poterba,1989)提出,1979—1989 年创业风险投资的增长主要源于免税的机构投资者的加入。斯蒂普(Stipp,2002)认为,对创业风险投资者和创业企业权利的法律保护对创业风险资本市场以及创业风险资本市场的整合尤其重要,因此中国应加强相关法律的建设和执行力度。[3] 德国学者埃里克·诺瓦克(Eric Nowak,2004)在回顾了德国风险资本市场的发展历程后指出,市场效率的提高很大程度上取决于法律制度的完善和改善,特别

---

[1] Poterba,James. Venture Capital and capital gains taxation,Tax Policy and the Economy. Cambridge: MIT Press,1989

[2] 范柏乃,沈荣芳,马国庆.中国风险投资供给机制与发展策略研究[J].上海交通大学学报,2001(1)

[3] Stipp D. China's Biotech is Starting to Bloom. Fortune,2002(3)

是公司治理机制和股东保护方面的条款，对创业风险资本市场影响深刻。[1] 华中师范大学法律系的王守宽(2003)指出，目前我国创业风险投资法律制度的主要缺陷：一是存在创业风险投资公司在组织形式、投资金额、设立条件、基金供给、退出机制等方面的限制；二是缺乏专门的税收优惠制度和有限合伙法律制度；三是知识产权法律制度还很不完善。并从修改完善现行法律、制定创业风险投资核心法律、建立创业风险投资辅助法律三个方面对我国的创业风险投资法律制度进行了设计。[2] 根据以上研究，我们构建了民间资本参与创业风险投资过程中所涉及的具体法律框架，如图 4-5 所示。

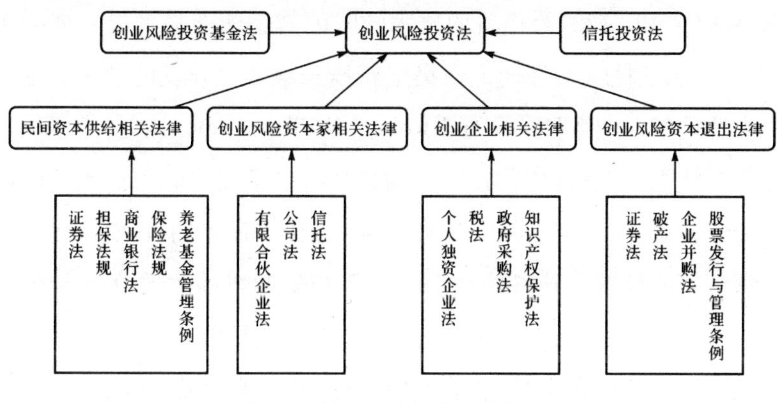

图 4-5　创业风险投资法律框架

---

❶ Eric Nowak. Investor Protection and Capital Market Regulation in Germany, in: Jan Pieter Krahnen, Reinhard H. Schmidt, eds. The German Financial System. Oxford University Press, 2004(4)

❷ 王守宽. 论我国风险投资的法律制度设计[J]. 经济师, 2003(1): 12—14

(2)产业环境

民间资本进入创业风险投资领域的意愿还受到产业环境的限制。[1] 此处的产业环境包括三个方面的因素,即产业结构、产业技术水平和产业壁垒。产业结构方面的体现主要是高新技术行业所占的比例,比例越高机会越多。产业技术水平体现为产业创新能力与影响,它直接表现为在一定区域内创新企业所拥有的技术水平,包括数量、质量及领先程度,这是投资者乃至整个创业风险投资行业所关注的。而产业壁垒则体现为创新企业对于高盈利行业的进入难度,直接表现为是否允许民间资本和创业风险投资的进入。以硅谷和128号公路(Route 128)为代表的技术园区因其迅速而强劲的发展势头闻名遐迩,这被认为是知识密集型新技术事业化开发的结果。普里尔和罗伯特·威廉(Preer and Robert William,1990)认为,类似硅谷这样在技术大变萃时期迅速发展的地区,具备发展成为技术园区的两个必要条件:一个不断成长并不断产生新知识的中心地带和一种支持创新的环境。硅谷的知识中心最初是斯坦福大学,128号公路最初是麻省理工学院,后来,私营企业成为这两个园区的知识中心。这两个地区都拥有积极的创新环境——熟练的劳动力、进入市场的手段、发育良好的地方关系网和强大的知识基础。[2]

对于创业风险投资来说,改善产业环境的核心问题是鼓励创业,

---

[1] Kenney M. Understanding Silicon Valley: The Anatomy of an Entrepreneurial Region. Stanford University Press,2000

[2] Preer,Robert William. The Emergency of Technopolis: Knowledge-Intensive Technologies and Regional Developmen,Dissertation for Ph. D Degree. Boston University,1990(4)

提高创业企业的技术水平,关键是发挥高科技企业孵化器的孵化功能。企业孵化器是高新技术企业诞生的摇篮,可以为创业风险投资提供大量的投资项目。其积极效应可以用郭田勇、王鋆构建的简单模型来说明。[1] 假定在信息不对称情况下,创业风险投资等投资者对技术孵化器的类型并不明确,只知道存在两种类型的孵化器——A类型的孵化器(其高质量企业培育率容易达到或高于创业风险投资预期)和B类型的孵化器(其高质量企业培育率经常低于创业风险投资预期)。创业风险投资对孵化器属于哪种类型只能通过其高质量企业培育率来判断,并根据判断结果对其认为的孵化器类型进行修正。假设在 t 阶段,创业风险投资判断孵化器为A类型的概率为 a_t,为B类型的概率为 $1-a_t$,A类型孵化器能达到或高于创业风险投资预期的高质量企业培育率的概率为 p,不能的概率则为 $1-p$;相应的,B类型孵化器能达到高于创业风险投资预期的高质量企业培育率的概率为 q,不能的概率则为 $1-q$,很明显,$p>q$。在创业风险投资判断孵化器为A类型的经验概率为 a_t 的情况下,此孵化器能达到或高于风险投资预期的高质量企业培育率的概率为 $a_t \times p+(1-a_t) \times q$,不能达到或高于创业风险投资预期的高质量企业培育率的概率为 $a_t \times (1-p)+(1-a_t) \times (1-q)$。创业风险投资会通过此孵化器能达到或高于创业风险投资预期的高质量企业培育率的概率来修正自己的初始判断,从而形成该孵化器为A类型的后验概率 a_{t+1}。当创业风险投资观察到该孵化器能达到或高于创业风险投资预期的高

[1] 郭田勇,王鋆. 推动我国高新产业发展的"孵化器+风险投资"模式研究[J]. 中央财经大学学报,2006(11)

质量企业培育率，则其为A类型孵化器的后验概率为 $a_{t+1}=(a_t\times p)/[a_t\times p+(1-a_t)\times q]$，将其与 a_t 比较，就是与 $(a_t\times p)/p$ 比较分母大小，即 $p-[a_t\times p+(1-a_t)\times q]=(p-q)(1-a_t)>0(p>q)$，可得到 $a_{t+1}>a_t$；如果在多期中，双方始终保持该种关系，那将递推得到如下结果：$a_{t+n}>a_{t+n}-1>a_{t+1}>a_t$（$n$ 趋于无穷），对 a_{t+n} 求极限为 $\lim a_{t+n}=1$。可以断言，这个过程如果持续下去（品牌型孵化器始终能提供达到或高于创业风险投资预期的高质量企业培育率），在第 $t+n$ 期，创业风险投资判断孵化器为A类型的概率约为1，即创业风险投资完全信任该孵化器，认为该孵化器可以很容易达到或高于创业风险投资预期的高质量企业培育率。该孵化器在提高自身声誉的同时，也为入孵企业提供了良好的担保，可以给投资者一种该孵化器中的企业均为具有高投资价值的企业的印象。创业风险投资想要和一家优良的投资对象进行合作需要付出相当大的成本。由于创业风险投资与创业企业之间严重的市场信息不对称，找寻到一家初步有合作可能的创业企业通常需要付出相当大的寻找成本。品牌型孵化器稳定高效的高新技术企业培育率将给创业风险投资以相当大的信心，它们会优先选择品牌型孵化器中的企业进行合作，孵化器的信用借出在一定程度上消除了市场信息不对称问题，降低了寻找成本。创业风险投资可以更稳妥快捷地寻找到合适的投资项目，从而加深对品牌型孵化器的信任度，为建立长期的、连续的合作关系打下了良好的基础。随着更多的创业风险投资看到孵化器中比较稳定的高新技术企业培育率，愿意和品牌型孵化器进行合作，将会形成一个“高科技创业企业方市场”。

(3)信用机制

信用机制在创业风险投资的产权制度构建中扮演着十分重要的角色。谈毅(2000)、姚佐文(2003)、金永红(2003)等都从不同侧面强调了声誉机制的重要性。[❶] 对于创业风险投资家和创业企业家来讲,声誉是一种资本,声誉能给他们带来经济利益,是一种值得保护的资产。而声誉能否为创业风险投资家和创业企业家带来经济效益,能否在创业风险投资的产权制度构建中发挥作用,很大程度上依赖于一个社会的信用文化特征。[❷] 对于创业风险投资家和创业企业家来说,信用文化更多的是一种思维方式,而不是惯例、规则和法律的汇集。信用文化的实质是产权交易各方之间存在的一种默契,即彼此均对对方负有责任和义务,而这种责任和义务是以一整套连贯一致的法律、监管和司法为基础的。显然,如果一个社会的所有产权交易方都不尊重对方应有的权利和义务,那么声誉机制的作用就会大大降低,直到不起作用。重塑一个社会的信用文化,国家需要评估一下现行的商法、破产法和其他行政管理规则及程序,因为它们界定了产权交易过程中双方的权利和义务。张永衡认为信任结构可以分为三个层次:个别主义的、集体主义的和普遍主义的,它们依次对应的信

❶ 谈毅.创业投资家的代理风险表现与控制机制[J].科研管理,2000(11)
姚佐文,陈晓剑,汪淑芳.有限合伙投资模式下的委托—代理关系分析[J].预测,2003(2)
金永红,奚玉芹,叶中行.考虑声誉的风险投资多阶段动态融资模型研究[J].系统工程理论与实践,2003(8)

❷ 范柏乃,沈荣芳,马国庆.中国风险投资供给机制与发展策略研究[J].上海交通大学学报,2001(1)

用文化具有不同的特征。个别主义的信任结构的特征是:产权交易是一种建立在熟人之间相互信任基础上的合作秩序,相互给予信任构成了产权交易的前提。产权交易是特殊主义的,或者说,交易是人格化的。计划经济条件下的信任结构是集权主义的,它是依靠人为的和自上而下的力量建立的,它的特征是各经济主体之间的交易关系依赖于公有的特殊纽带,而不是效率与利润等普遍主义标准,它以行政"科层结构"为依托,具有单项性与强制性。市场经济条件下的信任机构是普遍主义的,这也是我们要建立的信任结构。这种信任不是基于熟悉或者针对个别具体的有着特定身份的人的,而是基于对产权交易双方的利益和权利的尊重。因而它是一种抽象的普遍主义的原则。基于这种普遍主义原则的"陌生人"之间的产权交易就是非人格化交易。它的维护成本较低。并由此推断,中国创业风险投资产权制度的变革实际上包含了社会信任结构转换的内容。我国的社会交往与文化结构的初始条件,决定了现代意义上的创业风险投资产权制度,以及与之相对应的信任结构不会是另起炉灶的结果,而是要从一个相对狭小的集权主义的信任系统中生长出来的。尽管相对而言,中国创业风险投资产权制度中普遍主义因素更加短缺,但它不可能通过大量设立创业风险投资企业、创业企业以及创造金融市场等方式来弥补,因为普遍主义的信任结构本身不是有形的框架,而是无形的"规则"。

作为传统资本市场和创业风险资本市场重要的转换器,专业创业风险投资机构的筹资能力是创业风险资本动员效率的关键因素。老练的专业创业风险投资机构凭借其良好的投资业绩记录和声誉在筹资谈判中具有讨价还价的优势，以尽可能低的成本筹集到大规模的创业风险资本，从而实现创业风险资本的高效动员。专业创业风险投资机构的组织形式对其筹资能力产生显著影响。一个明显的例子是有限合伙制在筹资方面的突出优势。有限期限以及有限期限下的业绩易度量性使得投资者与投资管理人之间的博弈成为多期博弈,可以有效发挥声誉机制在治理结构中的作用。[1] 投资管理人的独立性使得创业风险资本的再募集避免了公司制下的增值扩股的局限。而且有限合伙制作为一种标准的契约形式大大降低了创业风险资本筹集过程的交易费用。

(4)退出机制

创业风险投资既有其切入点,又有独特的资本变现机制作为其出口,才能形成一个完整的投资循环。退出机制是创业风险投资体系的核心。二板市场被认为是创业风险投资退出的最佳途径。在美国等创业风险投资较为活跃的国家和地区,一般都是采用公开上市的退出形式。高收益是通过创业风险投资的成功退出而实现的,可行的退出机制是创业风险投资的关键。良好的退出机制还有利于创业企业产权优化和企业的持续发展。对于创业企业来说,成熟期的创业企业需要大笔资金以实现企业的规模化生产。而由于创业风险投资市场规模相对较小,而融资成本较高,使得它已经不再是创业企业的最佳选择。从创业企业家的角度看,此时再留在企业中就成为一种浪费,范围经济和专业化优势难以发挥,需要在新的企业项目上取得更多的收益,就要选择适当的退出策略。而更重要的是,由于创

[1] 田增瑞.中国创业投资机构组织形式的选择[J].经济体制改革,2002(2)

业风险投资通常采用有限合伙制，这种合约规定使得创业风险投资家退出前，企业控制权在创业风险投资家手中。创业风险投资家的退出，可使创业企业重新获得企业的控制权，公司的制度和治理结构也会得到相应的调整。

要鼓励民间资本进入创业风险投资领域就必须有效解决退出问题。健全的创业风险投资退出机制应该包括以下几个方面内容：

第一，创业板市场。创业风险投资发展比较健康的国家或地区，一般都有供高新技术创业企业实现上市的创业板市场(见表 4-1)。学者的研究表明，IPO 对于创业风险资本的筹集至关重要。[1] 伯纳德. S. 布莱克和罗兰 · J. 吉尔森(Bernard S. Black 和 Ronald J. Gilson,1998)通过对比美国、日本、德国的金融体系对风险投资体系的影响，指出美国风险投资成功的一个重要原因是其具有一个发达的股票市场，企业家通过首次公开发行重新从风险投资家手中获得公司控制权的期权，从而对风险企业家形成激励，而德国的全能银行体系和日本的主办银行体系都不能提供这种激励。[2]

---

[1] Black Bernard S, Gilson Ronald J. Venture Capital and the Structure of Capital Markets: Banks versus Stock Markets. Journal of Financial Economics 47,1998:243-277

Jeng Leslie A, Wells Philippe C. The determinants of Venture Capital funding: evidence across countries. Journal of Corporate Finance, 6(3) 2000: 241-289

[2] Black B S, R J Gilson. Venture Capital and the Structure of Capital Markets: Banks Versus Stockmarkets. Journal of Financial Economics, 1998(47):243-277

表 4-1　世界各地区主要创业版市场

		NASDAQ	ESDAQ	香港地区创业板市场	台湾地区场外交易市场
上市标准	总资产	—	＞350 万欧元	＞46 百万港元	—
	有形净资产	400 万美元		1000 万元	5000 万元
	经营历史(年)	2	1	2	0/3
	盈利要求	400 万美元	—	0	无
	公众持股量	110 万股	＞20％	20％	10％或 500 万股
	流通股	500000	＞100000	—	—
	公众持股人数	＞400	＞100	＞100	＞300
市场交易	上市费用	＜5 万美元	—	—	—
	交易制度	交易商	交易商	保荐人制度	—
	上市公司数	1250（1998 年 5 月）	26(1998 年 5 月)	25(2000 年 4 月)	157(1998 年 11 月)
	监管组织	自律和证券交易委员会			
发行对象		中小公司特别是科技相关企业			
信息披露要求		季报、半年报、年报以及及时披露股价相关信息			
股东约束	管理层	对公司管理层的延续性无特殊要求			
	出售股权	无	不详	2 年限制，财务股东 6 个月限制	2 年内不准出售，其后每 6 个月不超过 20％

资料来源：刘牧．吉林省民间资本参与创业风险投资的策略研究[D]．吉林大学，2008 年。

从长期来看，在中国建立上市标准较低的专为中小企业服务的创业板市场就显得尤为重要和必要。我们认为，创业板市场的出台对于我国创业风险投资的发展具有的重要意义主要体现在：一方面，它能避免创业风险投资的沉淀，调动投资者的积极性以及防止套现压力下的上市资源的流失;另一方面,创业板市场的制度创新将使得高新技术企业在获得资金时亦能感受到上市规则的压力,迫使其提高管理水平,不断改善经营。我国高新技术企业要走向世界,这一步不可或缺。比较可喜的是,我国已经正式推出了创业板市场,它必将极大地促进民间资本大量进入创业风险投资领域,成为我省乃至全国创业风险投资发展的起爆器。

第二,产权交易场所。由于我国中小创业企业众多,创业板市场推出后也不可能全部满足创业风险投资退出和创业企业融资的需求。实践证明,通过产权交易实现创业风险投资退出是很重要的方式。我国应抓紧制定有关政策法规,规范并促进创业风险投资与资本市场的结合,降低创业风险投资与资本市场结合的成本。对于非上市交易方式来说,特别是在民间资本置换高新技术企业内国有创业风险投资上,政府要给予优惠和放松。应该遵循国有资本退出一般性竞争领域的原则,引导、鼓励民间资本置换那些初期出于科技扶持的政府资本,减少进入障碍。同时,更要在信息发布、信息披露上提供完备的服务,为非上市交易双方提供对称的信息,减少投资和转让的风险。活跃的产权交易市场应该成为创业风险投资实现退出的主要方式。

第三,收购兼并市场。创业风险投资企业通过股份转让退出市场,是创业风险投资资本退出的另一途径。由于通过股份上市的方法,需要的周期比较长,再加之创业风险投资资本在首次公开发行股票之后尚需一段时间才能完全退出,因而海外许多创业风险投资机构采取股份转让退出市场。我国可采纳此种方法。在股份转让时,按其选择、出售的对象不同可选择股份回购和出售两种具体形式。

第四,股份回购。股份回购的作用有两方面:一是通过高科技企业经营骨干用自有资本置换企业的创业风险投资,实现创业风险投资的退出;二是通过置换实现了经营骨干对企业的控制,更好地进行激励。企业内部的股份回购,可以提高企业团队精神,最大限度地把企业经营者的业绩和分配结合起来。因此,由企业内部经营骨干出资置换企业内部的创业风险投资,成为一些高科技创业风险投资退出的主要途径。在美国,回购是创业风险投资退出的一种重要渠道,大约占20%～30%。回购方式作为创业风险投资者利益的一种保护性安排,对激励投资有很明显的作用。一旦创业企业发展不尽如人意,创业风险投资者可要求企业履行回购协议而顺利退出。这一点对民间资本进入创业风险投资领域将会颇有吸引力。

第五,海外创业板市场。我国的创业企业可以实施走出去的战略,以海外创业板市场为纽带,实现国际创业风险投资与国内优质企业资源高位嫁接,实现创业企业产权社会化,解除民间资本创业风险投资退出的后顾之忧。

就创业风险投资退出而言,多层次的资本市场体系不仅体现在主板市场、中小企业板市场和产权交易市场三个市场的建立,更是体现在各自功能定位的层次性和三个市场之间的"升降机制"安排(见图4-6)。

一般来说,产权交易市场定位于处于成长期的创业企业,主要解决成长期创业企业的资产评价、风险分散与融资问题,满足参与创业企业早期(萌芽期与初创期)投资的创业风险投资家的退资需求;中

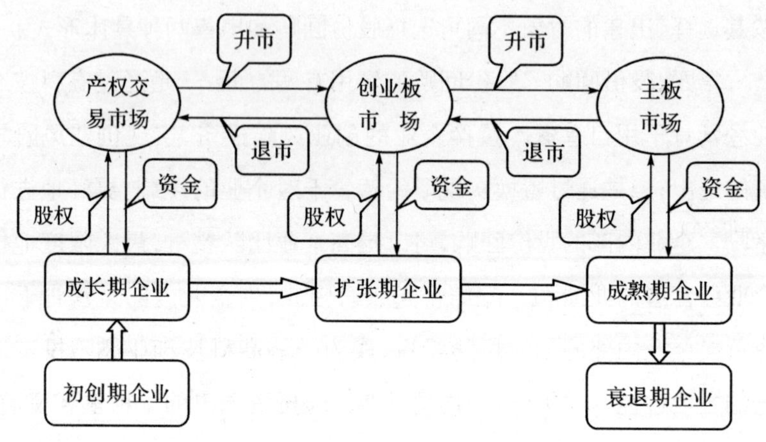

图 4-6 板块间的升降机制及其与不同阶段的创业企业的关系

小企业板市场的主要服务对象是处于扩张期的创业企业,主要解决扩张期创业企业的前期(初创期和成长期)创业风险投资的退出和后续融资问题;而主板市场则一般服务于成熟期的创业企业,主要解决处于成熟期的创业企业的创业风险资本退出和后续融资问题。并且,随着市场层次的逐步提高,对创业企业上市的条件也越来越严。因此,可以在这三个层次的市场之间设计一种“升降机制”来促进上市企业的公司治理,即在产权交易市场经过一段时间“培育”的创业企业,在满足条件后可以申请在中小企业板市场上市,而在其逐步成熟并达到主板市场上市条件后,可以申请转入主板市场。相反,已经在主板市场上市的创业企业,如果其条件不再满足主板市场的要求,可以退入中小企业板市场甚至产权交易市场。这样就形成了一种上市公司“能升能降”和“优胜劣汰”的竞争机制,这对于促进上市公司内部治理和降低市场风险具有重要作用。三个板块的市场,功能定位具有明显的递进性,并形成了一个分工明确、功能健全的多层次资本市场体系。

(5)专业人才

创业风险投资是跨越科技和金融两大领域的比较特殊的金融活动,涉及评估、投资、管理、审计和高新科技知识等,实践性很强。创业风险投资要求创业风险投资家有良好的教育背景和丰富的阅历,对新技术有敏锐的洞察力和前瞻性眼光,有企业管理、资本经营的经验,有极强的市场嗅觉与接受挑战的精神气质等。在资本筹集中专业创业风险投资家至关重要。[1] 范秀娟等(2002)研究指出,创业风险投资业发展所需的人才有科技专家、企业家和创业风险投资家,其中创业风险投资家尤为重要,同时分析了创业风险投资家应具备的素质和风险投资家要发挥的基本作用。[2] 而目前我国具有现代意识的创业风险投资家可谓凤毛麟角,这将极大程度上制约民间资本向创业风险投资领域转移。

杨志晨(2002)针对我国目前创业风险投资人才奇缺的现状提出了人才开发的两点措施:一是实施人才资源配置优化组合的鸡尾酒式模式,即把才能单一的技术专家、管理专家、财务专家、营销专家及其人力资源网络等,通过组建专业化的创业风险投资公司或实施特定的创业风险投资项目,进行优化组合、合理配置,使之发挥各自的才能特长,形成人才互补后的合力与优势;二是实施产、学、研链接的"创业风险投资人才孵化",创建集创业风险投资的产业运作、教学培

---

[1] 徐绪松.从风险投资价值链看风险投资家[J].中国风险投资,2002(1)

[2] 范秀娟.风险投资家——发展风险投资业的瓶颈[J].经济管理,2002(6):41－42

训、研究开发于一体的多功能人才孵化基地,培养复合型创业风险投资高级管理人才。❶

因此,首先,应普及创业风险投资知识,营造鼓励冒险、宽容失败、勇于创新、不断进取的社会文化氛围,为创业风险投资人才创造一种宽松的研究、开发、经营环境。其次,国家要通过内部培养、外部引进、强化激励等方式,尽快造就出一批高水平的职业创业风险投资家。第三,通过各种优惠的税收制度政策,使创业者和创业风险投资家获得高额报酬,吸引和鼓励高级人才从事创业风险投资事业,让他们担当起推动民间资本进入高新技术产业创业风险投资领域的重任。

2. 外部机制影响因素的权重分析

只有对民间投资影响因素有一个客观、准确、科学的综合评估,才能有效地吸引民间投资。民间资本进入创业风险投资的外在约束条件比较多,方方面面的因素或多或少地与创业风险投资相联系。但是通过问卷调查我们发现,在回收的 210 份有效问卷中,按照被访者提及的次数排列,法律法规、退出机制、信用机制、产业环境都是潜在创业风险投资主体最为关心的外部机制。由于对民间投资有影响的指标众多,各指标之间存在一定的相关性。而且调查中存在太多的不确定性,作者有必要运用 AHP 层次分析法更加科学地确定影响民间资本投资因素的权重,以便进一步认识外部机制的作用结构,针对具体的影响因素提出对策。

按照 AHP 层次分析法的要求,确定指标体系如图 4-7 所示。

---

❶ 杨志晨. 中国需要高素质风险投资管理人才[J]. 中国人才,2002(5):14—15

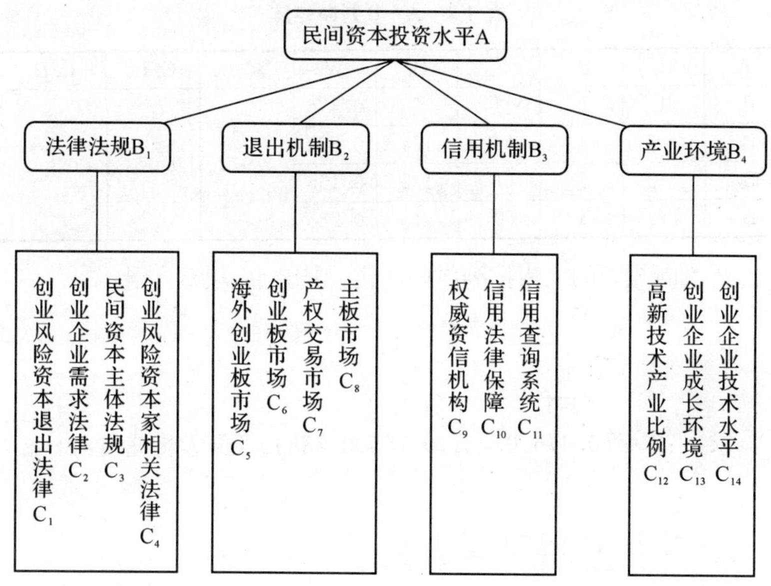

图 4-7　民间资本投资水平应影响因素层次结构图

利用专家调查法 Delphi 法，对影响因素之间的重要度进行比较，可得到各个层次的比较矩阵的原始数据，对各个专家的原始数据进行加权平均，建立比较矩阵并计算其相对权重。课题组选择高校金融学、产业经济学、管理学等相关学科专家 3 人，民营企业家 5 人，创业风险投资企业负责人 2 人，组成专家组。根据专家打分，对准则层判断矩阵如表 4-2 至 4-3 所示。

表 4-2　A－B 判断矩阵

A	B_1	B_2	B_3	B_4	W	λ_{max}	C. I.	C. R.
B_1	1	5	3	2	0.476	4.022	0.073	0.082
B_2	1/5	1	1/2	1/4	0.081			
B_3	1/3	2	1	1/2	0.155			
B_4	1/2	4	2	1	0.288			

对上述判断矩阵的元素按列作归一化,得出相应权重向量:

$$w_i = \frac{1}{n}\sum_{i=1}^{n}\frac{a_{ij}}{\sum_{k=1}^{n}a_{kj}} \qquad i = 1,2,3,\cdots,n$$

求出:W=(0. 476,0. 081,0. 155,0. 288),求最大特征值:

$$\lambda_{max} = \frac{1}{n}\sum_{i=1}^{n}\frac{(Aw)_i}{w_i} = \frac{1}{n}\sum_{i=1}^{n}\frac{\sum_{j=1}^{n}a_{ij}w_j}{w_i}$$

求出:λ_{max}=4. 022,再进行一致性检验。一致性指标 C. I. :

$$C.I. = \frac{\lambda_{max} - n}{n-1}$$

求出:C. I. =0. 073,查找相应的平均随机一致性指标 R. L. =0. 89,计算一致性比例 C. R. :

$$C.R. = \frac{C.I.}{R.I.}$$

求出:C. R. =0. 082<0. 1,则此判断矩阵的一致性是可以接受的打分,得到各层判断矩阵,并对其进行一致性检验。

表 4-3 B_1—C 判断矩阵

B_1	C_1	C_2	C_3	C_4	W	λ_{max}	C. I.	C. R.
C_1	1	3	3	1/3	0.257	4.109	0.036	0.041
C_2	1/3	1	1/2	1/5	0.083			
C_3	1/3	2	1	1/4	0.128			
C_4	3	5	4	1	0.532			

表 4-4 B_2—C 判断矩阵

B_2	C_5	C_6	C_7	C_8	W	λ_{max}	C. I.	C. R.
C_5	1	1/7	1/8	1/6	0.041	4.237	0.079	0.089
C_6	7	1	1/3	3	0.267			
C_7	8	3	1	3	0.513			
C_8	6	1/3	1/3	1	0.159			

表 4-5 B_3—C 判断矩阵

B_3	C_9	C_{10}	C_{11}	W	λ_{max}	C. I.	C. R.
C_9	1	1/5	1/2	0.117	3.025	0.013	0.024
C_{10}	5	1	4	0.683			
C_{11}	2	1/4	1	0.200			

表 4-6 B_4—C 判断矩阵

B_4	C_{12}	C_{13}	C_{14}	W	λ_{max}	C. I.	C. R.
C_{12}	1	1/5	1/3	0.106	3.039	0.019	0.037
C_{13}	5	1	3	0.633			
C_{14}	3	1/3	1	0.260			

结果表明：投资法律法规权重占 47.6%，产业因素权重占

28.8%,信用机制权重占15.5%,退出机制权重占8.1%。所以,投资法律法规在民间投资发展过程中具有决定性的作用。同时,创业风险资本家相关法律在投资法律法规中所占权重最大,这表明创业风险资本家相关法律的建设和完善所引起的效率,对提高民间投资有很大的影响,这个因素的改善将能极大地提高民间资本投资水平,这也是民间投资发展的必要前提条件。另外,产业结构的影响也不可忽视,创业企业技术水平越高,创业企业成长环境越好,高新技术产业比例越大,则该地区的民间投资越发达,特别是创业企业成长环境至关重要。信用体系的建设也比较重要,尤其是信用法律保障的发展对于民间资本介入创业风险投资起到非常重要的作用。同时,在退出机制建设中应该注重产权交易市场的培养。这个结果与我们以前一般意义的研究有很大的不同。

4.2.4 创业企业

创业企业的发展状况是创业风险投资者特别是民间资本所有者非常关注的问题,创业企业所处的发展周期更有特别的意义。阿尤卡瓦(Ayukawa,1992)认为一个国家创业风险投资发达与否可能与其创业活动的比率和质量有关。[1] 对创业企业所处阶段的具体要求

---

[1] Ayukawa, Y. Us-Japan Strategic Partnership: The Use of Technology Transfer and International Network, in: Venture Japan: How Growing Companies Worldwide Can Tap into the Japanese Venture Capital Market, Borton, J. W., Probus Publishing Co., 1992(2).

取决于创业风险投资者在内部机制与外部机制的共同约束与激励下的最终选择，满足了这个选择自然可以激发资本所有者的信心，所以也是吸纳机制的重要组成部分。它一方面体现了民间资本所有者投资意愿可能的满足程度，另一方面也代表了民间资本进入创业风险投资领域后的价值取向和投资意愿，最终演化为创业风险投资的效果。

在课题组回收的 210 份有效问卷中，个人填报 42 份、个体工商户填报 59 份、私营企业填报 44 份、金融组织填报 38 份、外资企业填报 27 份。反馈数据如表 4-7 所示。

表 4-7　民间创业风险投资主体投资创业企业阶段意向比例

	种子期	创立期	成长期	扩张期	成熟期
个人	0	4%	19%	54%	23%
个体工商户	0	7%	34%	52%	7%
私营企业	0	31%	49%	15%	5%
金融组织	0	43%	46%	9%	2%
外资企业	31%	54%	12%	3%	0
总计	31%	139%	160%	133%	37%

结果表明，民间创业风险投资主体总体最热衷于处于成长期企业的投资，其次是创立期企业和扩张期企业，而种子期企业不是民间创业风险投资主体的投资重点，只有外资企业对种子期企业比较感兴趣。从表 4-7 中数据也可以看出，企业规模越大，抗风险能力越强，越倾向于发展早期的创业企业。

4.2.5 政府诱导机制

邓小明(2004)的研究认为,政府的作用主要是通过制定各项政策来促进创业风险投资业的发展。从国外来看,政府对创业风险投资业的支持政策主要有:税收优惠政策、财政投入政策、特殊金融政策、信用担保政策、政府采购政策、人才培养政策、知识产权政策、退出政策等。[1] 政府的诱导政策可以作用于多个方面,它直接影响创业风险投资主体的发育与成熟程度、创业企业对于创业风险投资的需求强度与数量、内部机制的建立以及外部机制的完善。克里斯琴·科伊斯尼格和索伦·博·尼尔森(Christian Keuschnigg 和 Soren Bo Nielsen,2001)研究了扶持风险投资公司的政策形式及对创业风险投资的作用,具体来说包括:对创业企业开展的培训政策、设备投资的补贴政策、商品化阶段的产品补贴政策等,这些政策的有效实施极大地促进了创业企业的发展。[2] 从引导民间资本进入创业风险投资领域的逻辑起点来说,政府的作用就在于完善创业风险投资吸纳民间资本的内部机制与外部机制,确保出资主体产权的完整性。政府的具体政策措施应该视内部机制与外部机制的发育情况而定,但从一般意义上来说,政府应该具有以下责任。

---

[1] 邓小明. 国外对风险投资业的支持政策及其启示[J]. 投资与证券,2004(4):33

[2] Soren Bo Nielsen, Christian Keuschnigg. Public Policy for Venture Capital. CESifo Working Paper Series No. 486,2001(5).

1. **培育创业文化**

塔克鲁(Fakeru,1992)在调查了美国硅谷和日本的创业家后也认为,在日本,很少有人选择创业相关职业,大多数人向往大公司里的经理职位,成功的经理人都试图压抑自己的个性,使之服从于工作的集体;而在美国,个性得到很强的激励,从而创造了一个强大的创业环境。[1] 安纳利·萨克森宁(A. Saxenian,1994)从文化背景比较了128号公路和硅谷发展差异的原因,认为128号公路以政府和成熟的大公司为导向,而硅谷则侧重于为小企业提供重要的机会。128号公路地区的新英格兰传统使这里等级森严、僵化、保守;硅谷则不理睬繁文缛节,从而造就了一批勇于进取和敢于冒险的人。[2] 毛腾飞(2002)认为,文化内在于人的心理、观念和行为之中,其对创业风险投资的影响是不可忽视的。通过对美、日创业风险投资发展的比较,认为崇尚创新、鼓励冒险、倡导创业的民族精神是创业风险投资发展的精神支柱。[3]

那么如何培养我省的创业文化呢?

首先,建立创业教育体系。将创业基础知识融入各类相关的基础教育课程中。中学的德育课程中应适当介绍与创业相关的普及性

---

[1] Takeru Ohe, Shuji Honjo, Mark Oliva, Ian C. Macmillan. Entrepreneurs in Japan and Silicon Valley: A Study of Perceived Differences, in: Venture Japan: How Growing Companies Worldwide Can Tap into the Japanese Venture Capital Market, Borton, J. W., Probus Publishing Co., 1992(2)

[2] 安纳利·萨克森宁.地区优势:硅谷和128公路地区的文化与竞争[M].上海:上海远东出版社,1999

[3] 毛腾飞.从文化视角看风险投资[J].中南工业大学学报(社会科学版),2002(1):34－36

知识,高等院校的企业管理课程则应专门开辟有关创业和创业管理的章节。在编写有关创业与创业管理教材的基础上,率先由师资力量相对强的高等院校举办“高等院校创业与创业管理师资培训班”,为各类其他高等院校培训师资,以尽快促成我省工商管理学院能够开设出“创业与创业管理”课程。条件好的院校应加强学术研究,并设置专门的创业与创业管理专业。同时普及社会性创业教育制度。可结合各类就业指导中心和中小企业创业服务体系的建立,开展各类创业与创业管理培训班。

其次,扭转“官本位”的社会意识。必须改变目前整个社会还根深蒂固的“官本位”社会价值取向,形成一种“创业者是社会进步的精英,而政府官员只是服务员”的现代市场经济文化。为此,必须尽可能地减少各种不必要的通过行政权力支配社会资源的现象,真正发挥创业者在资源配置中的主导作用。鼓励毕业生自主创业,以创业意识统领就业意识。

2. 设立“民投国营、官民结合”的创业风险投资基金

考虑到我国居民自主投资意识、风险意识比较薄弱及国家信用较高的现实,为了有效利用民间资金,在我国可以组建“民投国营”的创业风险投资公司,采取股份制的形式组建,并可发行风险债券,民间投资者既可以持有股票的方式,也可以购买债券的形式投入风险投资公司。这种形式的创业风险投资公司有以下优点:有利于提高创业风险投资公司的信誉,使居民可以放心地将手中的闲散资金委托其经营,保证了创业风险投资公司的资金来源;有利于聚集高水平的经营专家、技术专家和金融专家对创业风险投资项目做出科学的评估，并直接或间接地参与风险项目的管理，监督风险资金的使用，以保证创业企业的成功和创业风险投资的获益；有利于吸收有实力的金融机构、企业集团以及各种社会基金参股，以增大创业风险投资的资金。

3. **积极探索创业风险投资保险机制**

创业风险投资的高风险使厌恶风险却又难以割舍高收益诱惑的人们面临两难选择。为了摆脱困境，人们将目光投向保险制度的创新，将保险机制引入风险投资，以求分散、转移风险。20 世纪 70 年代，西方许多国家的金融保险机构开始将保险业务范围拓展到风险投资领域，其中又以海外创业风险投资保险发展最快。创业风险投资保险，一方面，可以提高民间资本的风险承受能力，降低其参与创业风险投资的预期损失，另一方面，可以拓展保险公司的业务，加强其与创业风险投资的联系，促使保险公司资金尽快进入创业风险投资市场，提高其参与创业风险投资的能力。因而，为了吸引更多民间资本进入创业风险投资领域，必须借鉴国外有关经验，结合我国实际探索我国创业风险投资的保险机制。在承保风险方面应具体细化，对于受人为因素影响较多的管理风险和变化多端的市场风险，通常应将其排除在承保风险范围之外，但对于那些源于不可抗力因素的市场风险则可以纳入承保范围。创业风险投资的技术风险是主要的承保险种，因为技术风险的人为因素影响相对较少，而且基本可以通过经验、统计、预测加以确定。为了防止创业风险投资保险因受逆向选择问题的冲击而崩溃，国家应规定对创业风险投资实行强制保险。保险费率由基本费率和级差费率两部分构成，其中基本费率根据技术风险引致损失的平均程度确定，而级差费率根据具体技术状况及其投资者状况决定。保险费主要投资者承担，在一些与国家产业政策相一致的领域，国家可以给予适当的保费补贴。

4. 设立创业风险投资引导基金

我国目前对创业风险投资的资本支持，主要是一些地方政府通过财政出资设立了国有独资或国有控股性质的创业风险投资企业。在运作中不可避免地遇到了政府干预等方面的问题。通过规范的政策性创业风险投资引导基金来扶持创业风险投资发展，则能较好地克服政府直接从事创业风险投资的诸多问题，有效发挥政策性创业风险投资引导基金的杠杆放大作用。近期，各地政府推进创业风险投资引导基金的工作节奏明显加快。2008 年 10 月 18 日，经国务院同意，国家发改委、财政部、商务部联合发布了《关于创业风险投资引导基金规范设立与运作的指导意见》，该指导意见的出台，理清了此前一些地方政府在实践过程中的一些问题，有力地推动了创业风险投资引导基金在各地实施的节奏。杭州是较早展开创业风险投资引导基金尝试的城市。早在 2008 年 4 月 14 日，杭州就已正式出台“杭州市创业风险投资引导基金管理办法”，当年的投入资金约 2 亿元。此政策出台以后，杭州的创业风险投资工作进入了新的发展阶段。6 月 10 日，杭州通汇创业风险投资公司与下城区创业风险投资引导基金合作落户“杭州畅翔科技集团”，吸引了清科集团和鼎辉投资 3000 万美元。这是政府创投引导基金投出的第一单，市区两级政府以 600 万元引导资金撬动了创投机构 3000 万美元的投资基金。随后，杭州泰邦创业风险投资公司与浙江太子龙文化传媒公司、浙江联众休闲度假公司签署了第二、第三单跟进投资协议，市级引导基金投资总额 300 万元，分别吸引了软银赛福亚洲投资基金 8000 万元和创业乾坤投资公司 1500 万元的投资。到目前为止，杭州市本级和区、县(市)两级创业风险投资引导基金规模已达 5.5 亿元。2009 年，杭州市将继续安排 2 亿元的创投引导基金。2008 年 12 月 7 日，北京市中小企业创业风险投资引导基金开始实质性运作，北京市发改委与第一批合作机构启迪创业风险投资、深圳创新投资、中国银河投资、北京晨光创业风险投资、上海张江汉世纪投资 5 家公司签署了合作协议，这 5 家投资公司分别与 16 家中小企业签署股权投资合作协议。目前，北京已经开始第二批合作机构的征集工作。此外，长沙等二线城市，也已提出要建立创业引导基金，以发挥财政资金的示范和乘数效应。业内人士分析，政府不直接投资于企业，而是以创业风险投资基金的形式，投资那些以高新科技企业为投资对象的创业风险投资公司，将有效地分担民间资金投资创新型企业的风险，弥补市场的缺位。如果中央政府也建立起国家级层面的创业风险投资基金，将与各级地方政府一同构成一个引导体系，能更加有力地推动产业的升级转型。

综上分析，创业风险投资吸纳民间资本的机制可以用表 4-8 来具体描述。

表 4-8　创业风险投资吸纳民间资本的机制解析

创业风险投资主体	聚合方式	影响因素	政府诱导机制	投资阶段
个人	天使投资	保险	◇科技企业扶持基金 ◇培育创业文化 ◇创业风险投资引导基金 ◇国有信贷担保机构 ◇保险机制 ◇“民办官助”性质的创业风险投资组织 ◇培育中介组织	成熟期
	信托基金	信用		成长期
个体工商户	政府参与公司	信用		扩张期
	有限合伙制	法规、信用		成长期
	信托基金	产业、保险		扩张期
私营企业	有限合伙制	人才、信用		创立期
	私人公司	退出渠道		成长期
金融组织	信托基金	人才		成长期
	有限合伙制	信用、退出机制		创立期
外资	有限合伙制	退出机制		种子期
	私人公司	法规		创立期
	信托基金	退出机制、产业		成长期
	内部机制	外部机制	中间机制	效果

5　产权缺损与浙江创业风险资本吸纳民间资本机制的障碍

5.1　创业风险资本产权缺损及其影响

5.1.1　特定制度环境下的产权缺损

产权既然是一组权利，则产权是否缺失就要看这组权利是否完整。未加限定的一组权利可以界定为“完整的”产权。相应地，所谓的产权缺损就是对构成产权的若干项权利给予限制，或以各种方式从这组权利中砍掉某些私人权利，致使产权人不能充分行使权能的状况。产权缺损的情况有两种：一种是权能受限，另一种是权利分割。权能受限是指产权的某些权利受到外界干扰而不能充分行使权能。这种干扰可能来自多个方面，如行政干预、法律限制、市场交易不畅、非正式制度制约等。其中最重要的是行政部门干预。政府完全有可能对产权中的部分权利施以限制,使之失去权能,也即这部分权利已被政府接管或分配给了政府。例如,产权中的让渡权包含转让规模、转让地点、转让时间、转让形式、转让条件、转让对象等多个维度。政府可采取限制价格、禁止向特定人群转让等措施使产权人丧失这部分权利,使其让渡权的权能缩小。这里的权利分割特指本该结合在一起的一组权利被不适当地分配给不同主体占有,使真正的产权人丧失部分权利,相应地影响到其他权利的行使。A. 阿尔香曾提到,对于同一块土地在同一时间里,A 也许有权在上面种植小麦,B 有可能具有步行穿越它的权利,C 也许被允许在上面倒垃圾,等等。当然,这些权利是有可能交换和让渡的。

需要强调的是,判断某种产权是否缺失,应该以财产本身运行规律或发挥最大效用作为衡量的标准。不能把恰当的产权分割和权利的专业化分工理解成产权缺损。例如适应现代股份公司发展规律要求,作为承担市场价值实现最终结果的出资人仅凭借所有权承担财产利用的收益和亏损,并以恰当方式参与财产运用的监督和决策,而把财产的使用权、处分权转让给了专门的经营者,从而实现了两权分离。这种产权的各项权利的分离和转让,可以使人们在拥有和行使这些权利方面实现专业化,进而获取更大的利益。这是符合股份公司内在要求的,不能看做是产权缺损。

明确的产权安排一旦通过法律程序被确定下来以后,它就会对社会资源及其衍生的利益分配格局产生几乎是决定性的影响,社会的各个成员都会从此分配格局中得到令他们满意或不满意的收益,满意或不满意的程度在多维度的社会中会促使各经济主体决定他们应该表现的态度。一般来说,符合"所得应根据付出来衡量"准则的产权制度安排一般会扩大社会福利的总量。而产权缺损恰恰是违反这一准则的情况。

这里需要注意的一点是,多数情况下,产权都是不完整的,也就是说产权缺损可能是一个较普遍的现象。但相对而言,有时产权缺损程度小得可被忽略,而有时产权缺损却相当明显和严重,对财产的运用产生显著的影响。所以,产权缺损严格意义上讲是一个相对的概念。而本书采用这一概念侧重于描述后一种情况,例如,下面所要阐明的浙江民间创业风险投资者的产权缺损问题,就是相对于美国等国家以及国内创业风险投资比较活跃地区民间创业风险投资者的较少程度甚至不存在产权缺损情况而言的。

一种产权的运行是以特定的制度为背景的,而且产权本身就是一种制度安排。所以,产权缺损就是产权赖以运转的制度环境造成的。

5.1.2 创业风险资本产权缺损的影响

当产权发生缺损而又不能买断时,价格机制就不是唯一的调节手段了,产权人转而会更加依赖各种替代的竞争方式来达到自己的效用最大化。限制产权的各项权利,使人们无法尽量追求货币报酬最大化,产权人会因此更加放纵自己,以求尽可能地满足自己的个性偏好。阿沃克和约翰逊就曾指出,如果政府禁止资本得到过高的回报率,资本的所有者就会用增加投资、扩大企业规模等办法,使资本的效用最大化。

1. 价格管制的非效率均衡

为了说明产权缺损对于市场交易的影响,我们用通常大家熟悉的新古典价格管制模型作为产权权能受限的特例来说明交易双方如何从一种有效率的均衡走向另一种无效率的均衡。在图 5-1 中,P_e 和 Q_e 分别代表完全竞争下某产品 X 市场均衡的价格与数量。现假定政府宣布对 X 产品实行价格管制,所有厂商必须按不高于 P_c 的价格出售,结果追求利润的最大化的厂商只愿提供 Q_s 数量,消费者愿意购买 Q_c 数量,市场出现相当于 Q_c-Q_s 数量的短缺。在这个新古典分析中,我们无法知道价格管制下新的配置均衡是如何建立的,更不清楚管制前后消费者和厂商的行为有何具体变化。原因在于在新古典分析中唯有价格执行着调节资源配置的重要功能,而现在价格也被固定,消费者和厂商商品数量从 Q_e 减至 Q_s 时,边际消费者愿意支付 X 商品的价格是 P_v,而实际只需支付 P_c,其差额 P_v-P_c 对消费者来说构成额外福利,它是一种非排他性收入,类似于公共资源,它成为厂商与消费者角逐的对象。由于价格管制使价格失去了配给功能,一种新的配置机制可望取而代之。当事者的调整性行为已超过新古典研究的有效范围。

从消费者方面看,亟待建立一种能够确定每位消费者利用这部分非排他性资源的制度。例如,选择基于先来先服务的原则的排队方式,即通过花费恰当的时间排队等待获得对于 X 商品的权利。这时,消费者支付的价格就不仅是 P_c,还应包括等待时间的机会成本。消费者最高愿支付的等待价格可以用 P_v-P_c 表示。也就是说,在价

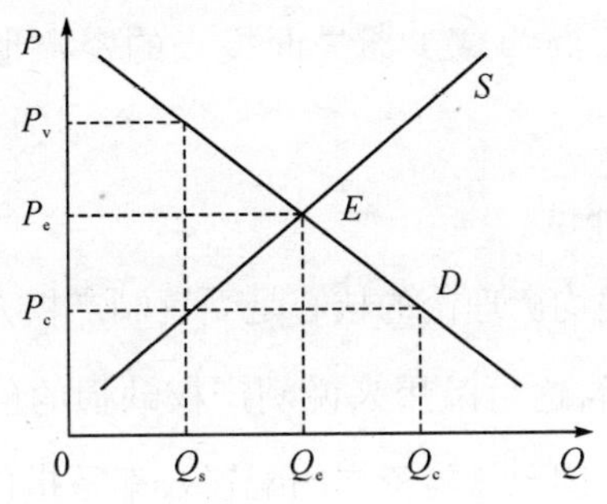

图 5-1　**价格管制模型**

格管制之前，商品的货币价格变化调节着消费者的需求，在此之后，等待时间充当了类似商品货币价格的调节功能，使管制商品市场在消费者方面重新恢复均衡。

从厂商方面看，价格管制使厂商制定商品让渡价格的权利受到限制，但它依然保留了确定让渡数量的权利。我们知道，商品实际上具有多种属性和质量维度，政府往往很难同时对管制商品广泛的非价格维度也做出同样清晰的界定，这就给厂商对价格之外其他有价值的商品维度做出调整留下诸多余地。例如，汽油销售商在限定价格下降低汽油质量，把以前免费加油服务变成让顾客自我服务，缩短加油站营业时间等。

不论消费者均衡的恢复还是厂商均衡的恢复在图 5-1 中都得不到反映，原因在于图 5-1 假定市场调节机制只有价格，X 商品全部同质，只有价格和数量两个维度。

综上所述，当交易一方的产权缺损时，一部分真实财富便像公共财产一样被置于公共区域，围绕这些非排他性收入而展开竞争可能会引致收入的流失。在图 5-1 中，$P_v - P_c$ 部分就将通过排队消耗时间的形式流失。厂商为减少损失而投入的资源也是收入流失的一部分。

2. 资本权利外溢

价格管制另类均衡理论的核心是受管制产权人通过获取非货币收入实现新的均衡,这可以用来说明产权缺损的创业风险资本的配置效率损失问题。创业风险资本的配置效率是指创业风险资本市场将创业风险资本配置到使用效率最高的企业或产业部门的有效程度,它是创业风险资本市场的核心效率。一个高效率的创业风险资本市场可以通过完善的风险定价机制将创业风险资本导向使用效率最高的部门,从而带来产出的最大增长。创业风险资本的配置效率取决于配置方向的准确性和配置过程交易费用的水平(交易费用占交易规模的比例)。

如果缺损的是处分权和处置权,民间创业风险投资人的部分权价值外溢,沦为"公共财富",很大可能被创业风险投资家所攫取。为了弥补损失,产权缺损的民间创业风险投资人只能在数量维度上寻找平衡,取消或减少出资,或者要求更高的回报率作为风险补偿,由此增加了创业风险投资家的压力。

如果缺损的是收益权和让渡权,无力保护自己股权的创业风险资本"产权人"一般借助于传统的最容易控制产权流失的注资方式:一是债权投资方式。债权融资使资本"产权人"得到固定收入,又不需人力资本的投入,回避了信息劣势,最大限度地减少了流失的"公共资源",虽然也以丧失高风险收益为代价,但却实现了权利、责任与收益的完全对称。二是股权投资方式。通过成为创业风险投资企业的有表决权的股东,直接监督企业经营管理或进行适时监督,以此回避信息劣势,保障自己产权不受侵犯。但如此又限制了创业风险投资家的活动,丧失高盈利的机会,由于个人能力或收益受到限制,创业风险投资企业管理人会把企业超过正常利润与个人收益的那部分潜在收入转化为非货币物品消费,并且,可能用高报生产成本的手法来欺骗创业风险资本出资者。也就是说,创业风险投资企业管理人,完全可能致力于把潜在的利润及个人收益转化为非货币收入。由此实现了创业风险资本产权缺损情况下的非效率均衡,因为不论是债权投资还是股权投资,都不能使创业风险投资的激励与约束相容的机制达到理想状态,其现实表现就是创业风险投资企业债券融资比例过高以及大多采用有限责任公司的组织形式。

5.2 浙江创业风险投资吸纳民间资本机制的障碍

为什么浙江民营资本没有大规模进入创业风险投资领域?其原因在于浙江创业风险投资吸纳机制的不完善,造成民间创业风险资本产权缺损。所以探讨浙江民间创业风险资本产权缺损的原因实际也就是在分析浙江创业风险投资吸纳民间资本机制的障碍。

5.2.1 创业风险投资组织制度的局限

公司制和有限合伙制公司都是比较适合于创业风险投资的。但一般认为有限合伙制公司更加适合创业风险投资的运作。哪种组织制度能够更好地克服创业风险投资筹资中出资人与创业风险投资管理者之间的高度信息非对称问题,更能够保证出资人的权利,则该种制度在吸入社会资金方面就具有更大的优势。所以创业风险投资的组织制度是构建创业风险投资吸入机制的关键。不论是哪一种组织形式,亦或是它们的发展创新,都需要政府在法律上予以特别对待。英国的创业风险投资之所以在20世纪90年代有了长足的发展,在很大程度上与1995年《金融服务法》专门增加了“创业风险投资信托计划”章节有关,从而较好地为创业风险投资股份有限公司这种特殊形态的“投资信托计划”(即公司型投资基金)提供了法律保护和法律规范。我国台湾地区的创业风险投资业之所以比较成功,在很大程度要归功于中国台湾的“公司法”比较适用于创业风险投资基金的运作,与此同时还针对创业风险投资基金制定有《创业风险投资事业管理规则》这样的特别规定。由于创业风险投资基金通常以私募方式设立,而且在投资运作上具有区别于证券投资基金和生产经营公司的特点,因此,为了便于创业风险投资基金进行组织制度创新,有关法律还应为创业风险投资基金留有一定的余地,或是另行制定特别法,为创业风险投资基金的组织制度创新提供特别法律依据。例如,美国作为最早探索发展创业风险投资的国家,其创业风险投资之所以在20世纪70年代受阻,则在很大程度上是因为《投资公司法》这部调整包括创业风险投资企业(基金)和证券投资公司(基金)在内的法律,在相当长的一段时间内,主要仅适用于证券投资基金,却对创业风险投资基金而言显得过得僵硬。其中最大的法律障碍,是由于美国在发展创业风险投资基金之初并没有认识到创业风险投资基金之相异于证券投资基金的特殊性，因而不加区分地要求“对投资者超过 14 人的投资公司及其投资顾问机构，都必须被当做‘投资顾问’注册登记并接受监管，不得获得业绩报酬”。幸亏在美国具有比较完善的有限合伙法律，并且通过借鉴公司机制使得按照有限合伙设立创业风险投资基金照样可以获得公司制创业风险投资基金一样的制度优势。所以，20 世纪 70 年代以后，有关当事人一方面为避免双重征税，另一方面为了避免法律监管，而均倾向于以投资者不超过 14 人的小规模的有限合伙制度设立创业风险投资基金。此外，美国还于 1982 年出台《小企业股权投资促进法》，来为创业风险投资基金，即使投资者超过 14 人也能实行业绩报酬提供了特别法律依据。由此创业风险投资吸入机制有了组织制度的保证，社会资金的吸纳能力大大提高，创业风险投资的规模得到了迅速壮大。

我国有限合伙制的发展经过了一个漫长的过程，直到现在仍然不够成熟。1997 年《合伙企业法》制定的时候，“要防皮包公司，防诈骗”的争论，延后了 LP(Limited Partners，有限合伙人)的诞生时间。2000 年 12 月，在“中国创新”的心脏地区——中关村，被北京大学法学院的周旺生教授誉为“创新性品格”的《中关村科技园区条例》获北京市立法机构通过。它最重大的创新之一，是在中国第一次明确规定，“创业风险投资机构可以采取有限合伙形式”。北京市政府为此还制定了一个配套文件《有限合伙管理办法》。2001 年 7 月，上市公司新疆天业股份有限公司和新疆石河子开发区总公司作为 LP，出资 99%，北京新华信管理咨询公司作为 GP(General Partners，普通合伙人),出资1%,共同投资5000万元,在北京市工商局登记注册了全国第一家有限合伙企业“天绿投资”。在中国创业风险投资发展史上,这是一件意义非同凡响的开拓创新。时任中关村科技园区管理委员会常务副主任、现任北京市副市长陆昊说:“天绿创业风险投资中心出现在中关村,在中国的创业风险投资领域是有里程碑意义的。”但好景不长,天绿投资在2002年5月就被中国证监会“紧急叫停”,中国有限合伙意义上的首家创投企业夭折,专家认为,天绿投资失败之因在于让上市公司做了LP,按照中国证监会规定,上市公司不能将大笔资金投在公司要承担无限连带责任的项目或机构上。虽然天绿投资成立时按照北京中关村2001年1月以地方法规形式出台的《有限合伙管理办法》的规定签订了协议,可以证明新疆天业在这个有限合伙的组织中只是一个有限合伙人,根本不用承担无限责任,但现行的《合伙企业法》和《公司法》都明确限定合伙人必须是承担无限责任的。法律上的逻辑让这家公司关门歇业,是非常正常的事情。

2007年6月1日,新修订的《合伙企业法》的正式施行,意味着风靡世界创业风险投资界多年的有限合伙制终于落户中国,对于长久以来游走于灰色领域的中国的LP来讲,这无疑是阳光普照的日子,面纱和遮遮掩掩从即日起与之无缘,法律的承认和呵护将助力其豪情和拓疆之力。

但困扰中国有限合伙制创业风险投资企业发展的问题并没有一并解决。

1. LP身份受到限制

深圳、温州分别成立第一家、第二家合伙制的基金,他们的LP基本都是个人,或者是企业财团,而保险资金、养老金、企业年金等由于种种原因,现在还没有进入股权市场。而在国际上70%的LP是所谓的机构投资人,如黑石集团LP的构成情况是:公募养老金占了39%,企业养老金占15%,保险公司占10%,基金的基金占10%,家族个人只占到9%,捐赠基金(比如说大学基金、一些慈善基金)占了7%,黑石自身投入了6%,银行只占有3%,其他资金占有1%。

2. 税收优惠政策难以享受

2008年2月,财政部和国家税务总局颁布了《关于促进创业风险投资企业发展有关税收政策的通知》,但该政策规定的税收优惠对有限合伙制创投企业并无太多实际利益(见表5-1)。新修订的《合伙企业法》规定,合伙企业本身不再作为纳税主体,而是在合伙人环节分别缴税。新政策规定的税收抵扣做法,对以有限合伙形式设立的创投企业没有实际优惠。如果合伙人是企业,从2008年开始,按照25%征收所得税;如果合伙人是个人,则必须按照2000年9月19日《关于个人独资企业和合伙企业投资者征收个人所得税的规定》第四条,对每一个纳税年度的所得,比照《个人所得税法》中的"个体工商户的生产经营所得"应税项目,适用5%~35%的超额累进税率。每一个纳税年度所得超过5万元的,必须按照35%税率征收。而有限责任公司却可以作为纳税主体享受其投资额70%的税收抵扣,而且,其投资人可以享受税收减免,反而比有限合伙制更具有税收优势(见表5-2)。

表 5-1　创业风险投资机构适用的税率

<table>
<tr><th rowspan="4">收益类型</th><th rowspan="4">表现形式</th><th rowspan="4">应纳税所得额</th><th colspan="4">VC适用税率</th></tr>
<tr><th rowspan="3">内资VC</th><th colspan="3">外资VC</th></tr>
<tr><th rowspan="2">居民企业</th><th colspan="2">非居民企业</th></tr>
<tr><th>境内有机构</th><th>境内无机构</th></tr>
<tr><td>股权投资所得</td><td>股息、利润</td><td>收入全额</td><td>免征</td><td>免征</td><td>25%</td><td>10%</td></tr>
<tr><td>管理咨询收入</td><td>咨询收入</td><td>收入全额减相关费用的余额</td><td>25%</td><td>25%</td><td>25%</td><td>10%</td></tr>
<tr><td>股权转让所得</td><td>出售投资项目股权</td><td>收入全额减股权投资成本的余额</td><td>25%</td><td>25%</td><td>25%</td><td>10%</td></tr>
</table>

资料来源：中国创业风险投资研究院等.2008中国创业风险投资年鉴.北京：民主与建设出版社，2008：345.

表 5-2　公司制与有限合伙制基金所得税税负比较

<table>
<tr><th rowspan="2">基金类型</th><th colspan="2">被投资企业</th><th colspan="3">创业风险投资机构</th><th colspan="2">创业风险投资出资者</th></tr>
<tr><th>高新技术企业</th><th>传统企业</th><th>纳税项目</th><th>实际税负</th><th>投资税收抵免</th><th>机构投资者</th><th>个人投资者</th></tr>
<tr><td rowspan="4">公司制</td><td rowspan="4">15%</td><td rowspan="4">25%</td><td>股息与红利所得</td><td>免税</td><td rowspan="4">符合条件的可按投资额70%抵扣应纳税所得额</td><td rowspan="4">均视为股权投资收益，不需要补税，但考虑投资抵免的规定，实际税负可能低于25%</td><td rowspan="4">视为股息、红利所得，缴纳20%的个人所得税，实际税负40%</td></tr>
<tr><td>股权转让所得</td><td>25%</td></tr>
<tr><td>上市公司股权转让利得</td><td>25%</td></tr>
<tr><td>管理咨询收入</td><td>25%</td></tr>
</table>

续　表

基金类型	被投资企业		创业风险投资机构			创业风险投资出资者	
	高新技术企业	传统企业	纳税项目	实际税负	投资税收抵免	机构投资者	个人投资者
有限合伙制	15%	25%	股息与红利所得	免税	不享受	将从基金取得的收益作为一个整体，按25%的企业所得税纳税	按 5%～35%税率纳个人所得税，所得超过5万则执行35%税率
			股权转让所得	免税			
			上市公司股权转让利得	免税			
			管理咨询收入	免税			

资料来源：中国创业风险投资研究院等. 2008 中国创业风险投资年鉴. 北京：民主与建设出版社，2008:348.

同时，新的税收优惠政策也没有完全惠及外资创业风险投资的在华业务。欧华律师事务所中国投资业务负责人李大诚说："现在，大部分海外的私募股权基金是免税区注册的，如果要在中国设一个人民币基金，就需要缴税，这对很多国外的有限合伙人和无限合伙人会产生一些影响。"

3. 某些政策衔接问题需要慢慢理顺

例如，据《证券日报》2008 年 10 月 20 日的报道，在法律层面上，对有限合伙企业作为股东以及作为注册发起人的公司都是允许上市的，但公司法对股份有限公司设立有如下规定：董事会应于创立大会结束后 30 日内，向公司登记机关报送"发起人的法人资格证明或者自然人身份证明"，申请设立登记。而有限合伙企业不属于法人或自然人，因此有限合伙企业入股的公司在发行上市中尚有登记环节的问题。证监会正在就上述企业上市的细节与有关部门进行沟通，但没有确定何时能够完成。

另外,随着合伙制人民币基金数量的增大,对上市资源的竞争更加激烈。LP的退出渠道难免有障碍。人才资源相对缺乏也是很严重的问题。专家认为GP首先应该具有一定的社会积淀和信誉,在投资银行业务、私募股权业务领域有一定的经验积累和声誉;其次是要有项目运作的成功经验;第三是要有出色的管理团队和有效的管理模式。在有限合伙制刚刚获得法定地位的今天,具有上述素质的人,可谓凤毛麟角。

直到目前为止,浙江乃至全国的创业风险投资企业一般采取有限责任公司的组织形式,浙江采取有限合伙制的创业风险投资企业不到8%。由于有限责任公司要求出资者的出资必须迅速到位、出资后不允许退资且转让困难、对经营者难以进行有效监督并发挥最大的激励作用等原因,民间创业风险资本的收益权、让渡权、处置权都不同程度地被侵蚀。

5.2.2 民间创业风险资本产权受限

由于创业风险投资是一种“与创业相联系的资本经营过程”,因此,创业风险投资的资本来源只宜定位于具有以下特征的投资者群:一是勇敢而富有耐性,具有长期投资理念,最好是对创业活动也具有一定的兴趣;二是具有较高风险鉴别能力;三是具有较强风险承受能力。按照这些要求,创业风险投资基金的资本来源主要宜定位于:富有个人,尤其是那些曾经创业成功的富有个人;大型企业;人寿基金;

商业保险基金;各种社会福利基金和捐赠基金;银行等金融机构;政府部门的政策性资金;国外资金。在以上各种资本来源中,人寿基金虽然对“安全保值”的要求高,但由于它的资金规模大,理赔支付具有较强的规律性,只要控制在适当比例(如不超过5%),就不会造成整体性风险。商业保险基金的资产作为一种典型的风险资产,随时处于“理赔”风险中,但由于保险公司的资产规模大,同样可以拿出小比例的资产用作创业风险投资。各种社会福利基金和捐赠基金对“资金支付期限”的要求和对“安全保值”的要求均较高,但如果基金规模较大,仍可以将较小比例的资金用于从事创业风险投资。银行资金对“安全性、流动性”的要求较高,所以,一般意义上的银行资金不适合于从事创业风险投资。但由于银行具有“资金规模大、资本实力雄厚”优势,因此,将小比例的核心资本用作创业风险投资,并不会对银行总体资产的“安全性、流动性”构成威胁。但是,由于人寿基金、商业保险基金、社会福利基金和捐赠基金以及银行资金的使用往往要适用于特定的行业性法律制度的约束,因而使得这些行业性法律制度也是构成创业风险投资进入机制的很重要的内容。例如,在对金融业实行“分业经营、分业监管”的国家,都倾向于禁止商业保险基金(包括人寿基金)、银行资金直接从事投资业务。而随着金融业内部系统管理技术、风险控制艺术的提高,以及金融监管体系的完善,不少国家也正在逐步放开商业保险和银行运用部分资金从事投资业务的限制,从而拓宽了创业风险投资基金的资本来源。例如,美国的创业风险投资基金之所以在进入20世纪80年代以后步入新一轮快速发展的高潮,其中很重要的因素即是通过两次修订《雇员退休收入保障法》关于“谨慎人”的条款，规定只要不威胁整个投资组合的安全，允许养老基金参与更高风险的投资，包括对新兴的创业企业的投资。从而使得人寿基金得以能够进入创业风险投资领域并且在受托人是否需要登记为“投资顾问”方面获得特别豁免。所以在创业风险投资比较活跃的国家，人寿基金、商业保险基金、各种社会福利基金和捐赠基金、银行等金融机构的资金成为创业风险投资吸入的主要对象。

我国现行法律体系对保险资金、银行资金以适当比例进入创业风险投资基金构成法律障碍。根据1995年颁布的《中华人民共和国保险法》第一百零四条第二款规定，“保险公司的资金运用，限于在银行存款、买卖政府债券，金融债券和国务院规定的其他资金运用形式”。尽管根据“国务院规定的其他资金运用形式”这一活口，经国务院批准，目前保险资金可以部分地通过证券投资基金间接投资于证券市场，但要使之能够通过创业风险投资(基金)公司间接从事创业风险投资，则又受第三款“保险公司的资金不得用于设立证券经营机构和向企业投资”的限制。尽管2002年我国对保险法作了一些修订，但修订后的保险法依然禁止保险资金用于设立证券经营机构和保险业以外的企业。2006年2月14日发布的《国务院关于实施〈国家中长期科学和技术发展规划纲要〉若干配套政策的实施》中明确“支持保险公司投资创业风险投资企业”，但还没有具体的配套政策和支持手段。2008年5月，全国社保基金披露已获得自主投资发改委核准和备案的股权投资基金的决策权，其投资上限为社保基金管理资金规模的10%，即约500亿元。据媒体披露，社保基金已向弘毅投资和鼎晖投资的人民币基金投资共20亿元。可以预见，拥有庞大资金储备的社保基金也将成为国内创投基金和私募股权基金的重要资金来源。但这还需要很长的时间。截至2007年第一季度，中国银行业金融机构的境内本外币资产总额达到459288.8亿元人民币。其中，国有商业银行资产总额为253470.2亿元人民币，占银行业金融机构的55.2%；股份制商业银行资产总额为56902.9亿元人民币，占银行业金融机构的12.4%；城市商业银行资产总额26806.4亿元人民币，占银行业金融机构的5.8%；其他类金融机构资产总额为122109.3亿元人民币，占银行业金融机构的26.6%。银行业金融机构境内本外币负债总额为435444.2亿元人民币。其中，国有商业银行负债总额为239304.2亿元人民币，占银行业金融机构的55.0%；股份制商业银行负债总额54747.9亿元人民币，占银行业金融机构的12.6%；城市商业银行负债总额为25491.2亿元人民币，占银行业金融机构的5.8%；其他类金融机构负债总额为115900.8亿元人民币，占银行业金融机构的26.6%。但依据1995年颁布的《中华人民共和国商业银行法》第四十三条规定，"商业银行在中华人民共和国境内不得从事信托投资和股票业务，不得投资于非自用不动产……不得向非银行金融机构和企业投资"。而只能从事公众存款、发放贷款、办理结算等业务。2003年，该条虽然被修订为"商业银行在中华人民共和国境内不得从事信托投资和证券经纪业务，不得向非自用不动产投资或者向非银行金融机构和企业投资，但国家另有规定的除外"。然而，由于目前并没有为商业银行可以向创业风险投资(基金)公司投资制定特别规定，使得商业银行还无法成为创业风险投资的现实来源。

新通过的《创业风险投资企业暂行办法》规定:“投资者不得超过200人。其中,以有限责任公司形式设立创业风险投资企业的,投资者人数不得超过50人。单个投资者对创业风险投资企业的投资不得低于100万元人民币。所有投资者应当以货币形式出资。”可以看出,该项规定也没有完全打破《公司法》对创业风险投资企业资金运用规模的限制。这里对单个投资者对创业风险投资企业的投资不得低于100万元人民币的硬性规定,事实上阻止了大部分的个人出资行为。同时,对股东人数规定了上限,而50个股东的上限显然不足以为创业风险投资企业筹集大量的创业风险投资资金。对于股份有限公司而言,虽然在股东人数上未规定上限,但在《公司法》第八十五条规定:“以募集设立方式设立股份有限公司的,发起人认购的股份不得少于公司股份总数的35%。”

当前,境外创业风险投资进入中国加盟本土创业风险投资企业,在法律、法规方面存在一些障碍。外资在境内设立创投基金需获得有关部门审批同意,资金的汇入、汇出还需经过外管局严格的管控,因而国外资金目前还不能大量、规模化地投资到人民币创投基金。目前,在中国境内的外资创投资本主要来自于国外创投基金,且一般通过与本土创投基金或地方政府设立人民币合资基金,来获得境内投资的许可和资金额度。境外创业风险投资进入中国加盟本土创业风险投资企业,更大的障碍来自于中外双方资金运作上的冲突。包括:第一,基金目标趋向存在差异。众所周知,目前中国政府创业风险投资基金的首要目标在于推动高新技术发展。但是国外商业资本则是以盈利为目的,是关注高成长企业而不是高科技企业。第二,投资地域的冲突。本土创业风险投资企业大都带有地方政府背景，甚至资金来源于地方财政拨款，政府希望取之于本地，用之于本地。这便与以盈利为主要目标的境外资本发生矛盾。例如江苏省科技发展创业风险投资基金属于财政拨款，政府鼓励在江苏省范围内选择创业企业进行投资。但限定美国合作方只把资金投在江苏是有困难的。他们的做法是，考虑到由于商业资本的加盟，基金的规模已经扩大两三倍，所以同意把投资区域扩大到苏、浙、沪，但该创业风险投资公司(基金)投资于江苏的资金量应当大于省级基金投资部分。截至2004年上半年，省级基金及其参股的创投公司(基金)投资61个项目，累计投资金额33885万元(其中省级基金约占1/4)。上述项目大部分为技术类项目，其中经营地在江苏省境内的投资项目为52个，投资金额22560万元，约占总投资金额的2/3，远远超过省级基金投资金额。虽然如此，但只是缓和了表面的直接冲突，这种矛盾没有从机制上真正解决。第三，中方投资人参与投资决策权力问题。按照一般做法，国有资本的投资人将参与每个项目的审查，干预管理团队的运作。对此，外方难以接受。第四，管理人的经验背景的限制。境外创业风险投资公司(基金)管理团队的优势就是经验丰富和资金充足，他们专业性很强，有利于判断本专业技术和市场大体趋势，在专业投资领域内有很强的人脉关系，在投资跨国项目上有较好的控制能力，对国际资本市场规则比较熟悉，退出经验丰富。但是，他们的问题就是本土化人才不够，对规模较小的项目关注不够。还有就是他们的国内业绩表现尚待时日，要取得国内投资人与企业家的信任需要一个过程。

以上创业风险投资资金来源渠道中存在的种种问题,在全国范围内都有所体现,浙江省也存在同样问题。种种政策法律方面对于出资者的限制,弱化了民间创业风险资本的增值能力,甚至剥夺了其投资机会,没有从制度上保障民间创业风险资本产权各项权利的行使。

5.2.3 创业风险投资退出的瓶颈

通过对我省创投机构投资的658个被投资项目的调查发现,其总体运作状况良好。截至2007年年底,有22个企业已经上市,有56个企业准备上市,有254个投资项目被收购或回购,另有48.78%的项目继续运行正常,而清算的仅占0.76%。根据对浙江省创业风险投资退出情况的调查,在2008年度已知的17个退出项目中有9个项目是原股东回购方式退出,占52.94%;其次是以境内非上市公司收购方式退出,共有6个项目,占35.29%;以境内上市方式退出的项目2个,占11.76%。这些数据指标一方面反映出被投资企业的经营状况较好。但也间接反映出了浙江省创业风险投资项目退出渠道的不畅通,退出方式单一,大量创业风险资本难以及时而有效地退出,使得有近50%的创业风险投资项目继续运行,不能通过适当的方式及时退出,因而也无法转而投向其他处于创业初期的具有更高利润的项目和企业中。

(1)通过主板市场实现退出比较困难。一是相对于创业企业来说上市门槛过高。如《公司法》规定公司的上市要在公司营业3年以上,并且连续3年盈利,同时公司的注册资本要达到5000万元,这个上市标准对从事高风险的高科技中小企业就显得非常困难。2005年10月27日我国对《证券法》进行了修订，但此次修订也主要是针对主板市场进行规范和完善，《证券法》第50条规定："股份有限公司申请股票上市，应当符合下列条件：①股票经国务院证券监督管理机构核准已公开发行。②公司股本总额不少于人民币3000万元。③公开发行的股份达到公司股份总数的25%五以上；公司股本总额超过人民币4亿元的，公开发行股份的比例为10%以上。④公司最近三年无重大违法行为，财务会计报告无虚假记载。这种股票申请上市的条件不符合创业风险投资的客观规律，创业风险投资项目公司很难满足。由此导致企业上市周期长、成本高、程序复杂。IPO一般需要2～3年的时间，期间还充满了许多不确定因素。而且，企业上市后再融资必须间隔1年，再融资的发行审核基本等同于IPO，同样无法适应高技术产品生命周期短、技术更新快的特点；不能满足科技型中小企业实施技术更新、产品升级换代对资金的急切需求。按照现行发审标准，当年的新浪和百度都无法达到我国的发行标准。二是深沪主板市场因为法人股不流通，导致即使上市也无法退出。"法人股不能流通"这一政策在制定之初是可以理解的。其一，可以使作为法人股主要持有者的发起人能够更好地对公司上市后的经营管理承担责任，避免短期炒作。其二，由于法人股主要是国有性质，因此法人股不能流通在当时背景下有利于保持上市公司的国有性质。其三，大量主要由国有企业改制而成的法人股与"公众股"原本就与公众股的含金量不同，"股不同，其权自然应当不同"。法人股在改制过程中往往以较低的成本折算出较多的股份，而在当时股票发行行政审批制尤其是最初实行规模管理的情况下,股票必然成为稀缺资源,以至于每发一只股票,发行价格往往远远超出其实际价值。这样,就必然导致公众购买股票(无论是在流通市场,还是在发行市场)的成本远远高于法人股的折价成本,然而,“法人股不能流通”这一政策限制的负面影响也越来越显现。它不仅导致上市公司由于“股票的二元性”而引发出一系列问题(如法人股的垄断地位导致流通股持有人无法在公司治理中发挥必要的作用;流通盘过小导致股票的投机性强),尤其不符合创业风险投资运作的内在要求:毕竟创业风险投资者不同于产业投资者,产业投资者可以通过产业关联来实现自己的战略意图并分享其产业利润,而创业风险投资者却必须在所投资企业的整体价值被社会认可之后与企业不再具有成长潜力之前的某个最佳时机退出投资,才能实现较高的资本增值收益。

(2)二板市场发展缓慢。在多层次资本市场上,创业板正好发挥着承上启下的作用,是承接创业风险投资股权转让的最佳接力段,因此对创业风险投资退出的意义也就尤其突出。尽管国外创业风险投资通过上市退出的绝对比重不是最高,但通过创业板市场退出是一种最主动、实现收益也往往是最高的退出方式。而且,创业板市场的更深远意义,是在于其可以为并购市场提供公开的价格参照,为并购市场提供更强有力的资本市场支持。尤其是在我国主板市场不健全,产权交易市场还没有形成的情况下,创业板就显得更为关键。我国虽已于 2004 年在深圳推出自己的中小企业板市场,但目前尚不规范,标准并不透明,实行严格的核准制,还没有形成规模,仅有 270 只股票上市,截至 2007 年末,有创业风险投资支持的企业仅为 53 家,

74%属于制造业。这与我国13万多家科技型中小企业总规模极不相称，也与近年来赴海外上市的科技型中小企业数量不相称，且股价波动频繁。中小企业板发展速度和市场规模非常有限，根本无法满足中小企业的上市需求。而且需要注意的是，中小企业板市场作为向创业板市场迈出的第一步，与真正意义上的创业板相比仍有很大的差距。这种差距主要体现在上市企业成熟度上。一般而言，创业板进入门槛比较低，上市条件比较宽松，而目前我国中小企业板的进入门槛很高，上市条件严格，是在主板市场的制度框架内运行，其上市条件和上市程序与国内主板并无不同，这就限制了新兴创业型中小企业的进入。2008年8月，国务院正式批准了《创业板发行上市管理办法》(草案)，筹划近十年之久的创业板，终于在人们的关注中正式亮相。

另外，创业企业到境外的二板市场上市难度较大。境外市场由于其市场化程度较高，资金的流动性强，并可以借机提高上市公司在国际市场的知名度。这无疑为众多公司提供了更多的选择，而且根据资料分析，境外上市条件要求在某种程度上比国内市场要低一些。我国已有不少公司成功在境外上市，如亚信、新浪、网易、搜狐、百度、分众传媒、盛大、携程、如家、无锡尚德、新东方等中国知名创新企业在NASDAQ登陆，仅以上这些企业的市场价值就高达2000多亿元人民币。复旦微电子也在香港创业板上市。但是在境外上市也存在诸多困难。主要困难是上市成本高，不同国家的证券市场对外国公司有各自不同的要求，须严格符合。其承销商均为投资银行，一般索取5%～10%甚至15%的发行费。同时，境外市场受国际政治经济的影响很大,并远离经营地,投资者对企业缺乏了解,使股价易出现大幅度波动,股票活跃性差。所有这些导致创业风险投资最重要的退出通道缺失。

(3)产权交易市场不发达,导致通过产权交易市场实现退出的可能性极小。产权交易市场作为非公开权益资本市场的一部分,是多层次资本市场的重要补充。产权交易市场被誉为国内的“三板市场”。浙江省总共30多家产权交易所。浙江产权交易市场不断发展壮大,交易制度不断创新,走在了全国前列。2007年9月10日浙江首家股权托管中心在绍兴挂牌,绍兴产权交易市场将迎来一次重要实践与探索。所谓股权托管,指股权托管中心接受公司委托,对股东所持的股权进行集中登记管理的行为。通俗地说,就是企业与市股权托管中心(下简称托管中心)签订契约,由托管中心为公司各个股东编制股权凭证,并为企业提供股权登记、分红派息等一系列服务。随着托管中心的挂牌,非上市股份有限公司开展股权登记托管将全面铺开。将由托管中心负责管理全市非上市股份有限公司股东名册、办理产权登记、提供股权托管服务。非上市股份有限公司和有限责任公司的国有股权按照相关要求,办理股权登记托管。同时,积极鼓励非上市股份有限公司的非国有股权、其他类型企业(有限责任公司、股份合作制企业)的股权到托管中心进行集中托管。浙江产权交易所2003年12月30日由省内的11家龙头企业(其中7家民营企业,4家国有企业)共同发起,不再是事业制性质,而采用有限公司方式,注册资本2200万元,每家股东的股份均等。最大的创新体现在对“会员制”的变革,独创了“直接受理和间接受理相结合”的运作模式。2009 年 1 月,浙交所又启动了另一个平台:未上市公司股权转让。据介绍,该试点对股份公司和客户实行进场制度,即在浙江省注册、股东人数在 200 人以内、设立满一年的股份公司均可进场,有限责任公司则需变更为股份有限公司,满一年后方可进场。进场客户即股份转让对象只限定于浙江产权交易所会员及公司原有股东等特定投资人。

但目前的产权交易所在运营中存在许多问题:首先,产权交易成本过高,过高的税费使创业风险资本在投资不理想或失败后退出较困难,加大了投资风险。高成本的原因是交易品种单一,参与企业少,交易量不足。在这个平台里交易的成本也高于在场外交易的成本。其次,尽管产权交易形式开始趋向多样化,但是产权市场刚刚被允许进行非上市公司的股权交易,还缺少现实的交易经验,绝大部分业务建立在非股份公司的产权转让平台之上。浙江是民营企业大省,但在浙交所,民营企业产权交易的成交量非常低,连 1%都不到。包括接下去要做的林业产权交易、排污权交易、农化产业交易等,民营资本尚未进入这些领域,所以基本上都是国有或事业单位产权交易为主导。据浙交所总经理姚上毅介绍,2004 年进场交易的项目,全都是省属国有资产;2005 年,近 80%是指定性省属国有资产;2006 年,非指定性项目的成交占比仅为 27%;2007 年,浙交所共成交各类项目 77 宗,成交金额达 31.86 亿元,其中非指定性项目 37 宗,占比为 48%。当然,在整个成交量里,公共资源(包括国有)仍然占据绝大部分,占比达 80%。2009 年浙交所非指定交易首次超过了指定交易,占比接近 60%。再次,产权交易的监管滞后,阻碍着统一的产权交易市场的形成,使得跨行业跨地区的产权交易困难重重。浙交所目前仍以区域市场为主体,浙交所虽在杭州,但按照有关规定杭州当地的国有和集体企业的股权转让,必须在杭州市产权交易所做,不允许到省级交易所交易。“逼得我要做全省的非国有产权转让这一大块市场。只有这样我才能有活路,要不然下面国有的都被瓜分掉了,我怎么办?”总经理姚上毅说:“杭州市的项目就在眼皮底下,我拉不过来,但其他地市的非指定项目就不一样了,可以动用资源拉过来。”再者,高科技创业企业多脱胎于高校、研究机构或传统企业,与原单位的产权关系模糊,更进一步阻碍了产权交易。最后,由于我国在短期内还很难形成既具有价值发现技能又具有风险承受力的做市商,受整个资本市场的影响国家在近期内又几乎不可能允许产权交易所的产权细分。因此,产权交易所的流通性问题将长期难以解决。这就使得通过产权交易所实现创业风险投资的退出也非易事。在浙江乃至我国,创业风险投资要想从产权交易市场把创业风险投资收回且增值也具有一定的困难。所以,创业风险投资通过产权交易成功退出的例子在浙江并不多见。但迄今为止,该平台每天的成交次数基本上很少,来挂牌的企业也很少。姚上毅的解释是:优质的未上市企业早已被私募基金盯牢了,只要企业预期能够上市,就不会到交易所来挂牌转让。换句话说,大部分产交所,包括浙交所,目前的发展状况还不足以和私募基金相抗衡。“这个平台,可能今后不是以转让为主体,而是以融资为主体,才能做得大。”

浙江资本市场存在的制度性缺陷,影响了企业自主创新能力的提高,影响了浙江创新型小企业的生存与发展,成为科技与资本结合的最大瓶颈,最终使浙江创业风险投资难以实现有效退出。退出渠道不畅是浙江创业风险投资面对的主要困境之一，浙江创业风险投资70%以上的创业风险投资资本被固化在项目上退不出来。在国内资本市场无法满足需要的情况下,大量企业只能选择境外上市。浙江大量优秀企业被迫到海外上市,反映了国内资本市场的制度缺陷,影响了浙江创业风险投资的进一步发展壮大。日本有2700家上市公司,但只有13家公司在纽约证券交易所上市,17家公司在纳斯达克上市,占本国上市公司总数1.1%。就是作为发展中国家的印度也正在采取各种措施,鼓励本国企业在国内上市。

缺乏畅通的退出机制,使得浙江的创业风险投资企业倾向于与创业企业进行长期投资,并且偏重于债权投资方式,表5-3是2009年我省创业风险投资机构的资金提供方式。据统计,浙江有四成以上的创业风险投资管理者表示,创业企业上市后,也不出售自己的股份。而且创业风险投资企业出于出资人发展战略要求及自身专业人才的限制,被迫投资于成熟产业或新兴企业发展的后期,由此决定了浙江创业风险投资的低收益率。也就是说,退出渠道的障碍,使浙江民间创业风险资本的收益权、让渡权的权能受到严重侵蚀,由此使民间资本投资创业风险投资领域的积极性不高。

表5-3 浙江创业风险投资投资金融工具的选择

投资方式	股权资本	可转换优先股	债券资本	可转换债	其他
机构数(家)	44	12	8	5	3
运用比例(%)	95.65%	26.09	17.39	10.87	6.52

数据来源.浙江省创业风险投资发展报告2009.

注:调查机构46家

5.2.4 缺乏创业风险投资专业人才培养机制

国内许多创业风险投资比较活跃的地区出现了多家专业风险投资研究与教学机构,例如中国风险投资研究院、北京大学创业风险投资研究中心、清科创业风险投资研究中心、清华大学中国创业研究中心、北京工商大学中国创业风险投资研究中心、北京工商大学中国创业风险投资研究中心、复旦大学中国风险投资研究中心和华南理工大学风险投资研究中心以及上海理工大学创业学院、上海交通大学创业学院等。这些教学与研究机构定期举办创业风险投资与创业系列研究报告,培养专业创业人才,并创办《创业风险投资与创业管理》(北京工商大学中国创业风险投资研究中心)、《中国风险投资》(中国风险投资研究院)等杂志。一些机构还着力培养行业内专门的实用人才,例如广州风险投资促进会定期举办广州市风险投资从业人员专业资格认证培训班,培训考试合格者颁发《风险投资从业人员专业资格证书》。

浙江省在创业风险投资方面缺乏专业的人才培养机制。从表5-4可看出,管理水平仍是制约创业风险投资发展的关键因素之一。

表 5-4 2008 年创投机构对被投资企业经营不理想的原因

原因	内部管理水平有限	政策环境变化	市场竞争	技术不成熟	缺乏诚信	后续融资不力
机构数(家)	28	21	19	15	11	8
占比(%)	62.22	46.67	42.22	33.33	24.44	17.78

数据来源.浙江省创业风险投资发展报告 2009.

注:调查机构 45 家

据调查,2008 年我省创业风险投资机构共有员工 627 人。其中员工的工作经验背景和学历背景,如表 5-5。据省科技厅的调查,创业风险投资机构认为其员工最缺乏的能力是“项目识别能力”、“技术评估能力”以及“资本运作能力”(见表 5-6)。但目前浙江尚不具备培养创业风险投资专业人才的能力,这个问题也没有引起应有的重视。专业创业风险投资人才的缺乏,直接的后果是民间创业风险资本的使用权由于缺少了依托而难以实现其价值,收益权也相应得不到保障。

表 5-5 浙江省创业风险投资机构人力资源结构

		2007 年		2008 年	
		人数(人)	比例(%)	人数(人)	比例(%)
从业人员数		448	100	627	100
职业分布	专职 VC 人数	213	47.53	284	45.31
	其中从事 VC 5 年以上人数	101	22.54	126	20.10
从业人员背景	科技背景	87	19.42	129	20.57
	金融背景	94	20.98	162	25.84
	管理背景	103	22.99	203	32.38
从业人员学历	博士	10	2.23	13	2.07
	硕士	105	23.44	155	24.72
	本科	178	39.73	296	47.21
	其他	155	34.60	158	26.00

数据来源.浙江省创业风险投资发展报告 2009.

表 5-6　浙江创业风险投资机构从业人员仍然缺乏的能力和素质

年份	2006 年		2007 年		2008 年	
调查机构数(家)	24		32		48	
认为从业人员缺乏以下能力和素质的机构情况	机构数（家）	占比(%)	机构数（家）	占比(%)	机构数（家）	占比(%)
项目识别能力	16	66.67	13	40.63	26	54.17
资本运作能力	15	62.50	11	34.38	22	45.83
技术评估能力	9	37.50	12	37.50	23	47.92
技术背景	9	37.50	6	18.75	16	33.33
企业管理能力	2	8.33	6	18.75	18	37.50
财务管理能力	2	8.33	4	12.50	12	25.00
法律知识	2	8.33	6	18.75	10	20.83
商务谈判能力	4	16.67	4	12.50	8	16.67

数据来源.浙江省创业风险投资发展报告 2009.

5.2.5　信用机制不健全

浙江的创业风险投资是在市场经济作为一种目标而不是现实的情况下起步的，转型社会的一大缺陷就是市场经济所需要的信用体系尚未建立起来。在计划经济条件下，社会信用主要表现为政府信用，在市场经济条件下，交换的主体即企业和个人的信用将构成信用体系的基础。在社会转型的同时，社会信用体系也正处在重构阶段，在这个阶段，人们往往按照自己认为“合理”或者对自己“有利”的方式做事，同时由于失信或者违规的成本比较低，我省市场上存在着大量的失信行为。作为资本市场的重要组成部分，创业风险资本市场也不例外，创业风险资本市场不同于一般市场的特别之处在于创业企业历史很短，甚至没有业绩记录可查，对他们进行尽职调查往往很难。其次，创业风险投资支持的创业企业通常是在具有高度不确定性的领域从事经营活动，失败了也被认为是正常的，再加上浙江的创投经理们大多来自金融证券行业而很少有运营公司的经验，更不要说创建企业的经验，这使得创业者的“创业”动机很难被正确识别出来，这将极大地增加创业者发生道德风险的可能性。伴随市场的低迷状况，投资方和创业者在信用普遍恶化和信用秩序严重混乱的条件下，无论采取何种方式，都很难将各路创业风险资本引导到创业风险投资领域，可以说，发展浙江创业风险投资，当前最稀缺的资源之一就是信用资源，低劣的信用状况和脆弱的信用关系，极大地降低了商品流通的效率和资金的使用效率，增加了企业的生产成本和投资预期的不确定性。因此，建立和健全多元化的创业风险投资供给体系，当务之急是加快完善浙江的信用体系，强化社会信用秩序。

在我国包括浙江目前还没有可供查询企业(个人)信用记录的全国性权威资信公司，任何银行、公司或个人要花费很大的代价和精力去查询业务对象的信用情况。由于缺乏信用查询机构，一个企业(个人)没有信用记录很容易造成整个社会的信用危机。在发达国家，每个企业(个人)都有一份由著名的资信公司做出并永久保留的信用记录，任何银行、公司或业务对象都可以通过少量付费的方式来查询这份信用记录，并获得有关查询对象详细的信用报告。我们应加大信用体系建设的投入，尽快培育数十家全国性的企业(个人)资信公司，建立比较完善的信用查询系统。

市场经济是法制经济,信用是市场经济的基础,法制是信用的保障。在我国相关的法律中,在保护财产权利,特别是保护债权人、权益人的权益方面,还不够完备有效,在立法上没有建立严格的民事责任和财产责任机制,可以说我国目前社会信用混乱与法律制度不完善具有直接关系。因此,在立法上要明确法律责任,充分体现保护债权人和权益人利益的原则,对现行的《破产法》、《民法》、《民事诉讼法》、《经济法》等相关法律进行调整和修订,建立和完善信用的法律保障体系。

欧美国家对商业中的欺诈行为通常规定了很高的违法成本,相比之下,我国的违法成本就显得太低了,我国的假冒伪劣产品形形色色,知识产权频遭侵权以及信用欺诈防不胜防,问题的症结在于违法成本太低,违法者因违法获取的"预期收益"远远大于违法被查处后所损失的"违法成本",这在客观上对一些有违法倾向的人构成制约。笔者认为,只有提高违法成本,让违法者望而生畏,才能从根本上解决"不讲信用、无视信用和破坏信用"。

创业风险投资中欺诈行为的广泛存在,特别是浙江民间金融的不规范情况,使民间创业风险资本的收益权和处置权处于极大的危险之中,一些潜在的民间出资者只能望而却步。

5.2.6 政策法规和制度不完善

世界创业风险投资的发展史表明,健全和完善的法律体系是保证创业风险投资成功实施的基础。1940 年,美国政府颁布了《投资公司法》,建立了比较完善的创业风险投资法律制度。目前,浙江创业风险投资资金短缺,创业风险投资尚未形成一个较完整的产业,急需政府为创业风险投资创造一个较宽松的政策和法律环境。我国在创业风险投资领域内缺乏相应配套的法律和规章,现行法律(诸如《公司法》、《合资企业法》、《专利法》等)在很多方面甚至对创业风险投资有所抵触,急需修改和加强。《合伙企业法》规定合伙企业为既要承担无限责任,又要双重征税形式,因而不能充分发挥有限合伙制的应有优势,如《合伙企业法》第 9 条规定,“合伙人应当为完全民事行为能力人”,与此同时在不少相关领域立法现大量空白,很大程度上制约了我国创业风险投资业的快速发展。在与浙江从事创业风险投资实践活动的人士座谈时,他们大都反映,即使近几年出台了一些有关创业风险投资的法律法规,但由于缺少具体的实施细则,实践中根本达不到预期效果。政策法规和制度的不完善,使浙江民间创业风险资本的产权得不到应有的保障。

在我国台湾地区创业风险投资刚出现时,由于缺少创业风险资本,有关部门通过了必要的立法,并采取了至关重要的税收刺激措施,如“风险基金的投资者可有 20%的投资免交所得税”,台湾地区的创投业由此发端。经过近十年的宏观调控和产业发展,中国实体经济部门的主要矛盾已由 1992 年以前的数量型短线制约转变为 1998 年以来的日益显现的产业技术升级限制造成的质量型结构矛盾。按照国外的一般经验,在新技术发展日新月异的今天,企业层面吸纳新技术主要有两条经验:一条是原有的大型企业通过增加研发投入对传统产业进行强制性升级,另一条是鼓励创新型中小企业主动承担风险,在创业风险投资的支持下吸纳和发展新技术。后一条途径即利用创业风险投资支持创新型中小企业已被美国、以色列等经济体的经验证明是一种普遍适用的、能够形成良性循环的制度性解决办法。

5.2.7 鼓励创业与创新的孵化器没有充分发挥作用

根据浙江省科技厅寿剑刚、余仲飞、朱祖超等人于 2008—2009 年进行的调查研究,截至 2008 年年底,全省共有各类孵化器 80 家,其中国家级孵化器 15 家、省级孵化器 35 家。孵化器的数量居全国第 3 位,国家级孵化器数量居全国第 6 位。全省共有孵化面积 211 万平方米,居全国第 5 位。在孵企业 3400 多家,从业人员 6.1 万余人,在孵企业当年技工贸总收入 116 亿元,上缴税收 5.3 亿元,累计孵化企业 5300 多家,其中认定为高新技术企业 410 余家。浙江省早期成立的孵化器对孵化对象没有详细的行业细分,全都是综合孵化器。随着创业企业对公共技术平台和专业技术服务的需求日渐迫切,专业孵化器应运而生,特别是一些县市围绕当地主导产业的发展,建设了相对应的专业孵化器。据这个课题组的调查,全省的 35 家省级孵化器中,有 11 家是专业孵化器,占比已经超过 30%。如杭州国家集成电路设计企业孵化器、杭州市数字娱乐园、杭州东部软件园、浙江银江孵化器有限公司和乐清市科技孵化创业中心等。与此同时,原有的综合孵化器向专业孵化器演变的趋势明显。

应该说，浙江省孵化器发展较快，形成了一些特色，但我省孵化器的发展滞后于我省高新技术产业发展对孵化器的需求，落后于北京、上海和江苏等省市孵化器的发展。课题组认为，从能力来看，浙江省孵化器的孵化能力与北京、江苏和辽宁等省市孵化能力快速提高的态势相比，在孵化场地面积、在孵企业和孵化水平等方面都有一定差距。从功能来看，在孵化器的发展过程中，一些孵化器的发展与其应有的功能定位相偏离。突出表现在：把孵化功能等同于引进一批科技型中小企业，提供一些物业和商务服务，实质上把孵化器等同于科技房地产；许多孵化器只限于为入住企业提供硬件设施，忽略了综合服务功能，特别是促进孵化器与创业风险投资的对接；把孵化功能等同于提供优良的硬件条件与财政支持以及形式化的服务内容，忽略了专业化能力建设；忽略了孵化服务与科技研发的连结，忽略对毕业企业的继续关注，在建设孵化器核心功能和满足在孵企业的核心需求等方面远显不足，如孵化器创业风险投资、融资功能建设，大大落后于北京、深圳。从体制来看，浙江省孵化器的管理体制不尽相同。从投资主体来看，浙江省70%的孵化器是由地方科技管理部门、高新技术开发区管委会以及政府其他部门和高等院校创办的，以公益性事业单位或国有企业的形态存在。在这种管理模式下，责、权、利模糊，动力和压力均缺失，仅凭管理人员的责任心和能力推动工作。这些孵化器实际上是由政府出资建设孵化场地和基础设施，经营者没有还本付息的压力，房租和政府事业补助成了孵化器收益主要来源，收益多少主要与孵化场地的入驻率有关，入驻率成为最重要的追求目标。从措施来看，还未形成比较完善有力的促进孵化器建设和发展的政策措施,还没有把孵化器作为推进创新创业的一种新型服务业给予扶持。

孵化功能的不健全,使新创企业尤其是具有投资价值的高新技术企业数量有限,难以满足民间创业风险资本对于资本快速增值的要求,应有的收益权受到限制,权能价值大打折扣,使民间创业风险资本不够活跃。

6 浙江创业风险资本吸纳民间资本机制的构建

当前,浙江民间创业风险资本的特征是产权缺损,产权缺损与创业风险投资吸纳民间资本机制的低效率紧密相联系。所以构建创业风险投资吸纳民间资本机制的过程实际就是促进民间创业风险资本产权不断走向完整的过程。浙江创业风险资本产权制度创新的基本原则是:鼓励民间创业风险资本活动,推动个人创业风险资本,建立民营创业风险资本组织,引进国外创业风险资本组织,对政府主导型创业风险投资企业进行改造,建立多样化、多层次的创业风险资本组织体系。以此激发民间资本参与创业风险投资的热情。确立创业风险资本完整的私人产权是一项系统的工程,其原因在于产权缺损的多重性。所以,要打破当前创业风险资本产权缺损的停滞均衡状态,需要从多方面制度着手,而最为核心的就是,基于创业风险投资吸纳民间资本的内部机制与外部机制中侵蚀民间创业风险资本产权的因素,充分发挥政府诱导机制的作用,不断改善创业风险投资民间主体参与创业风险投资的制度环境。

6.1 积极构建激励与约束相容的创业风险投资组织

1. 规范公司制创业风险投资企业的发展

在目前情况下，促成创业风险投资基金尽快以公司形式起步或许是一种更为现实的选择：❶首先，在当前条件下，以公司形式设立创业风险投资基金更利于吸引投资者参与。因为，在相当长的一段时期，浙江创业风险投资基金的资金来源将主要地依赖于实业企业和富有个人(主要又是民营企业家个人)，而这两类投资者均具有较强的参与基金重大决策的意愿，故按公司型设立与运作创业风险投资基金，有利于调动它们的投资积极性。至于保险基金和社会保险基金，受现行法律法规的限制，短期内还很难介入创业风险投资领域。其次，有利于基金组织结构的相对稳定。❷ 因为维持基金组织结构的相对稳定，不仅需要投资者具有相对一致的投资理念，而且要求管理团队具有高度的合作精神。在目前这两方面条件都不尽如人意的情况下，通过《公司法》以及公司章程这种强有力的组织规章制度，辅之以必要的组织程序，则能够较好地维持基金的相对稳定，并适应基金

---

❶ 鲍志效. 有限合伙创业投资机构制度创新与应用思考[J]. 中国软科学，2003(7)

❷ 郭建鸾. 基于公司治理的创业投资基金组织形式分析[J]. 山西财经大学学报，2004(1)

运作过程中的许多不确定性因素。再次，在创业风险投资市场尚未成熟，市场声誉约束机制还很难发挥作用的情况下，以公司形式设立创业风险投资基金有利于建立适合当前中国国情的激励与约束机制。可以根据《创业风险投资企业暂行办法》第十八条："创业风险投资企业可以从已实现投资收益中提取一定比例作为对管理人员或管理顾问机构的业绩报酬，建立业绩激励机制。"借鉴有限合伙制的某些制度设计来解决激励与约束问题：一是通过内部的规章制度，对基金经理、项目经理及相关人员按照不同的比例分配业绩报酬。二是对于股份制的创业风险投资（基金）公司，还可以考虑实行经理人员股票期权制度，以便能够留住一批优秀人才为公司长期服务。三是可以通过董事会等组织程序，既灵活地解决公司的重大决策，又对经理团队实行直接的硬约束。尽管由于创业风险投资是一种信息与技能密集型的管理活动，因而使得基金董事会很难起到决策和监督的职能，但通过在董事会中设立专家咨询委员会等机构，仍然能够较好地解决董事会与管理班子之间的信息不对称问题。对投资项目进行合规性审查，也有利于排除一些可能对投资者权益造成损害的投资项目。所以，只要管理架构合理，公司制创业风险投资企业同样可以确保基金具有较高的运作效率。其中的关键，是必须实现基金公司法人财产所有权和法人财产经营权的真正分立，以确保基金经理班子享有完全的法人财产权，在投资项目筛选、投资项目评估、投资方案设计等各个环节，都不能受董事会的干预。甚至在投资决策环节，也可采取由总经理全权决策制度，董事会仅进行合规性审查，起最后批准决定的作用。

2. 适当拓展信托制基金

信托制投资基金在一些国家比较流行,如英国。而在浙江甚至我国采取信托制的方式从事私募股权投资的历史较短。我国于2007年3月1日实施《信托公司管理办法》和《信托公司集合资金信托计划管理办法》,创业风险投资采取信托方式募集资金的融资渠道才被打开。如深圳达晨创投与湖南信托于2007年4月合作推出了"深圳达晨信托产品系列之创业风险投资一号集合资金信托产品",被市场人士认为是"信托新政出台后,第一个真正意义上的产业投资领域的股权投资集合资金信托产品"。此后,信托制基金在我国开始流行起来。我国的信托制创业风险投资基金一般采取"信托公司+创业风险投资基金"的模式,即由信托公司与创业风险投资机构合作,充分发挥信托公司的资金募集功能优势以及创业风险投资机构的专业化投资团队与经验,合作双方分别承担创业风险投资筹资和投资两个环节的功能,然后通过信托公司与创业风险投资机构之间建立合作安排协议来从事创业风险投资业务的一种方式。基本模式如图6-1所示。根据信托公司和创业风险投资公司之间不同的合作安排,信托制创业风险投资基金可以分成两种运作模式:一是信托创业风险投资分工型,即信托公司负责募集信托资金,承担受托人角色,而创业风险投资公司充当投资管理人的角色,这种模式以深圳达晨创投公司与湖南信托公司的合作为典型;二是信托公司主导型,即信托公司不仅负责募集信托资金,还充当投资管理人角色,而创业风险投资公司利用专业优势充当投资顾问角色,以华润深国投信托有限公司为典型。

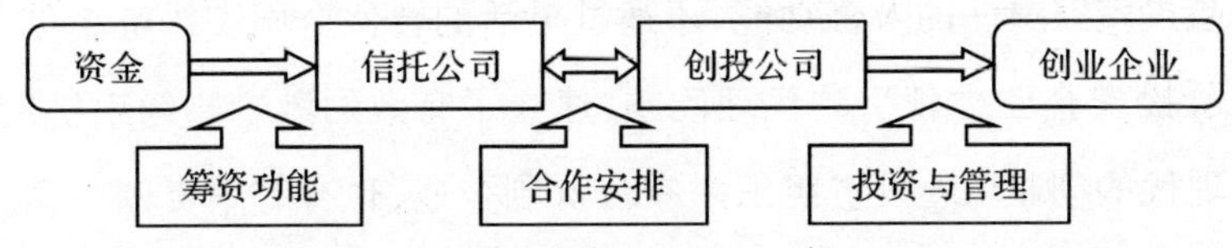

图 6-1　信托基金制运作模式

3. 应该积极鼓励创业风险投资的私募基金模式

委托—代理理论指出，只要所有权和经营权分离，委托—代理问题自然会产生。产生的主要根源在于委托人和代理人之间的信息不对称。要解决这个问题，必须加强委托人和代理人之间的信息交流。然而代理人从自身的利益出发，天然具有隐瞒和误导信息的倾向，因此委托人必须得有权力去约束以及激励代理人。这个权力来源于何处？产权学派认为：来源于委托人拥有产权，即拥有剩余索取权或者剩余控制权。私募基金模式相对于国有模式的优点在于：私募基金的委托人是真正意义上的委托人，他们不仅拥有剩余控制权而且拥有剩余索取权，代理人的行为和他们的利益息息相关，所以他们就有动力和权力去约束和激励代理人——基金经理人按照委托人的目标行事；而国有模式的委托人并不是真正意义上的委托人，因为政府官员只是另一层级的代理人，由于缺乏相应的问责制度，他们并不关心代理人是否有效地经营国有创业风险投资企业，只是在乎自身的效用是否得到满足。因此，私募基金模式在委托—代理问题上较国有创业风险投资企业模式大大改进了运作效率。

4. 落实《合伙企业法》，完善引入有限合伙制法律制度

有限合伙制度既具备减少投资者的风险、鼓励众多投资者踊跃投资的聚合资金功能，又具备提高创业风险投资企业信誉，强化创业

风险投资家责任的人合功能,还通过灵活的合伙合同安排解决创业风险投资企业中棘手的代理问题,建立了有效的激励和约束机制。在现代的创业风险投资组织中有合伙制企业,也有有限责任公司和股份公司。考察美国创业风险投资组织的演变过程可以发现一个很有意思的现象:和一般的企业制度从业主制到合伙制再到有限责任公司制,再发展到公众公司的过程不同,创业风险投资组织的演变是一个从公众公司到有限合伙制组织的“逆向演变过程”。最早出现的创业风险投资组织 ARD 是一个上市交易的封闭式基金公司。20 世纪 50 年代和 60 年代则以小企业投资公司为主,这些小企业投资公司部分是封闭式公司,部分是公众公司。70 年代以后创业风险投资迅速发展,组织方式也转变为以有限合伙制为主,各种有限合伙企业成为创业风险投资组织的主导形式,而天使资本直到目前仍是高科技创业风险投资的重要来源。我们认为,创业企业生产技术结构的特点和投资者结构的变化是造成创业风险投资组织企业制度“逆向演化”的主要原因。创业风险投资中的信息不对称问题和激励问题特别突出,造成严重的代理问题,只有能有效解决代理问题的企业组织才能生存,在这方面合伙制比起有限责任公司和股份公司具有独特的优势。有限合伙制兼具合伙制的治理优势和有限责任制的大范围融资优势,遂成为创业风险投资组织的主导形式。根据国外经验,有限合伙制企业是创业风险投资组织的最佳形式,而在我国现行法律体系中仍无有限合伙制的地位。我国的《合伙企业法》仅对普通合伙加以规范,没有对有限合伙加以规范,这是目前影响创业风险投资发展的重要因素。有限合伙法出台之前可首先在创业风险投资潜力较大、有立法权的地方(如深圳等地)制定有限合伙企业的地方性法规,进行试点,并在税收、工商管理等方面制定配套措施,待取得经验后再向全国推广。目前,我国的许多地方已经在鼓励创业风险投资的政策法规中,明确了有限合伙制作为企业组织形式。例如《中关村科技园区条例》第二十五条明确规定:“创业风险投资企业可以采取有限合伙形式,有限合伙的合伙人由有限合伙人和普通合伙人组成。创业风险投资企业采用公司制有利于保证资金安全,而有限合伙制最大的特点是决策机制灵活,适应于创业风险投资活动的特点,而且较好地解决了激励和约束机制问题。”浙江省于 2001 年颁布的《杭州市有限合伙管理暂行法》也做出了类似的规定。因此,我国法律,包括《公司法》、《合伙企业法》应当确立有限合伙制这种创业风险投资企业组织形式。为了给今后条件成熟后创业风险投资企业能够按有限合伙形式设立提供法律依据,目前还有必要借鉴国际经验,并结合我国国情,研究修订《合伙企业法》。但为了充分发挥我国作为后发展国家的“后发优势”,我们不宜再重复别人所走过的老路,而是可以在深入研究其内在机制的基础上,借鉴美国在 20 世纪 80 年代以来所实行的“通过引入公司制度的一些机制来改造有限合伙”的经验,制定出一部更适合现代企业组织运作的《合伙企业法》或单行的《有限合伙企业法》。一是应确立起有限合伙的法律实体地位,以便于有限合伙能够像准公司组织那样自主处理日常事务;二是应引入公司制度中的“股东既享受有限责任保护又能通过股东大会对公司实行必要的控制”机制,以切实保护有限合伙人的权益,并鼓励其投资积极性;三是允许有限合伙设立专家咨询委员会,通过专家咨询,较好地克服有限合伙人与普遍合伙人之间的信息不对称问题,并应允许合伙人会议对普通合伙人制定灵活的报酬制度;四是引入公司的派生诉讼机制,强化对普通合伙人的法律责任约束;五是取消对合伙企业注册资本金的要求,以有利于这类企业的设立,为一些拥有创新能力但缺少资金的人从事创业风险投资经营活动创造条件。同时允许工商企业和金融机构等法人成为合伙人,这样有利于鼓励企业和银行等金融机构进入创业风险投资领域。为避免国有资产的流失和消除某些不同意见人士的疑虑,建议在规定有限合伙的同时,对于国有企业作为有限合伙企业的无限责任股东问题做出必要的限制,即国有企业作为有限合伙的无限责任股东必须取得原国家授权投资机构的同意。对于国有企业在这样的企业中承担有限责任者,因与一般的股份制企业并无不同可不作规定。

5. 专业合伙制创业风险投资管理公司委托管理

由于目前浙江的创业风险投资组织以政府参与有限责任公司为主,因此,创业风险投资组织制度创新的重要方面是改造现有政府参与的创业风险投资组织管理模式。简单地说,就是要按现代企业制度的要求,建立现代公司制的产权结构和治理结构,并吸取其他创业风险投资组织制度的经验,改造政府主导的创业风险投资企业。思路是:在现行的法律环境下,通过引入新的股东扩大规模和进行规范的公司制改组,在投资管理上吸收有限合伙制思想,使政府主导的创业风险投资企业成为政府支持、社会参与、规范管理的创业风险投资组织。这个思路的基本框架如下:

(1)企业制度。现有的政府主导的创业风险投资企业,吸收广泛的法人资本包括外资和民营资本，扩充股本，一方面扩大了创业风险投资规模，另一方面通过降低政府资本比例，根据《公司法》建立规范的多元化的产权结构。在创业风险投资企业之外，根据《合伙企业法》采取合伙制的形式由创业风险投资管理专家组建创业风险投资管理公司。

(2)管理模式。创业风险投资企业股东会选举产生董事会；创业风险投资企业并不直接从事创业风险投资的管理，而是根据《合同法》由董事会通过签订委托管理协议将企业的资金委托给创业风险投资管理公司进行管理。管理公司根据委托管理协议每年可以按资金总额提取1%～3%的管理费和根据盈利情况提成，对违反协议或未尽勤勉责任导致投资公司的财产损失负无限连带责任。

(3)监管模式。创业风险投资企业通过委托保管协议将资金委托给商业银行进行保管，商业银行作为委托保管人根据委托保管协议和管理人的指令进行资金划拨和回收，并定期向创业风险投资企业报告资金使用情况。

(4)资金来源。创业风险投资企业占99%，其余1%来自合伙制的管理公司，由合伙人提供；合伙人组建合伙制的管理公司可以以现金和劳务两种方式作为出资。

(5)利润分配。在创业风险投资企业的公司章程中就利润分配的方式做出特别的安排，即每一项创业风险投资结束后，投资收益(净收入或亏损)在投资公司和管理公司之间立即进行分配。其中，对于管理公司违反委托管理协议或未尽勤勉责任而导致的投资损失，管理公司及其合伙人要承担无限连带责任。

专业合伙制创业风险投资管理公司委托管理的制度创新是在我国现行的法律环境下做出的，充分吸收了公司型的信托基金和有限合伙两种组织形式的优点。它对促进浙江创业风险投资事业的发展具有更深刻的意义。首先，可以发挥专家理财的优势。创业风险投资组织的一般投资者作为99%资金的供给者并不参与日常的管理工作，而是通过委托管理协议委托管理公司进行创业风险投资事业的经营管理。这样由投资管理专家以合伙制组成的创业风险投资管理公司实现了管理的专业化，其管理创业风险投资的水平和能力可以通过市场进行及时的评价和监督。其次，它通过合伙制安排实现了有效的治理结构。因为创业风险投资专家通过合伙企业以自有资金提供风险基金总额1%的资金来源，对创业风险投资管理者个人来说，这绝不是一个小数字。每一项投资损失都会减少管理者的个人财富。而对于违反委托管理协议或未尽勤勉责任而导致的投资损失，管理公司及其合伙人要承担无限连带责任。这就强化了对管理者的约束机制。第三，从管理者的角度看，这种安排所具有的杠杆效应能对管理者产生足够的激励作用，有利于培养职业创业风险投资家。

但需要强调的是，在创业风险投资业发展的初期，创业风险投资企业通常倾向于实行自我管理。所以，只有等创业风险投资市场发展到一定程度，产生了对专业性创业风险投资管理、咨询机构的需求之后，发展创业风险投资管理与咨询机构才可能具备市场基础。因此，短时间内不宜大力提倡组建创业风险投资管理与咨询机构，否则必然出现无米下锅的局面。

6.2 努力吸引境外优质创业风险投资

一是鉴于国外资金间接通过创业风险投资(基金)公司来我国从事创业风险投资,在性质上已经不同于外商直接来我国投资办厂或是设立以投资办厂为目的的产业投资控股公司,不会构成国家经济安全问题。所以,可以允许其不受限制地投资于《外商投资指导目录》中的限制类行业。二是鉴于国外资金间接通过创业风险投资(基金)公司来我国从事创业风险投资,不仅不会构成国家经济安全问题,而且还能引进国外先进的创业风险投资管理经验,是一种最佳的利用外资方式。因此,不仅应清除现行的将外商投资创业风险投资企业等同于产业投资控股公司而与生产性外商投资企业相区别的税收歧视政策,而且应当制定更加优惠的税收政策对外商来我国设立专业性创业风险投资企业加以鼓励。三是应当进一步修订《外商投资创业风险投资企业管理规定》,从而依据"税赋公开"原则,使法人公司制外商投资创业风险投资企业能够享受与非法人有限合伙制外商投资创业风险投资企业同等的税收优惠政策。四是明确区分三类主体,即鼓励类、中性类和限制类,实行分类管理。分类的依据是来源地、资金规模、以往业绩、管理团队的素质、投资偏好等可量化的内容。浙江省在其中所能够采取的措施是改善创业风险投资运行的外部环境,促进外国创业风险投资与国内创业风险投资公司或孵化器的对接,以及鼓励高科技企业的创立与创新活动等。

6.3 引导保险资金和银行资金进入创业风险投资领域

创业风险投资组织企业制度“逆向演化”，创业风险投资产业投资者结构的变化即以养老基金为主体的机构投资者地位的上升也是影响这种演化的原因之一。在以个人投资者为主要资金来源的情况下，有限合伙制很难实行，因为分散的股权结构导致的“搭便车”等问题会严重影响创业风险投资组织的治理效率，只有有限数量的参与者才能做好基金公司的治理，合伙制风险基金的有限合伙人通常在10～30个，许多基金只有1个有限合伙人，这无疑有利于提高治理效率。第一个有限合伙制组织出现于1958年，但直到20世纪70年代末，有限合伙制仍只占较小的比例。因为当时机构投资者尚未成熟，创业风险投资市场仍以个人投资者为主（ARD和SBIC的股东主要是个人投资者），创业风险投资组织只能采取“两权分离”形式，依赖公开资本市场的治理机制。70年代末有关法律放松了对机构投资者的投资限制，有限合伙制得以大行其道，80％以上的新增创业风险投资流向有限合伙制的创业风险投资基金，因此创业风险投资组织的“逆向演变”过程实际上反映了创业风险投资的客观要求和资本市场的结构性变化。

在欧美发达国家，保险资金以少许比例参与创业风险投资是一种普遍现象。在欧洲，根据欧洲创业风险投资协会（EVCA）的统计，保险公司在创业风险投资来源中一般占10%以上的比例(见表6-1)。在美国,20世纪80年代以前保险公司在创业风险投资来源中占有较大比例,但由于1978年美国劳工部对ERISA法案关于养老金投资的"谨慎人"条款做出新的解释,以及《统一有限合伙法》在1976年和1985年先后被修订,从而扫清了养老金进行创业风险投资的制度障碍,所以,养老金迅速进入创业风险投资领域(上限为养老金总额的5%),使得保险公司所占比例有所下降,但是所占的比例依然不小。当然,不同国家或地区的保险公司在本国创业风险投资来源中所占的比例并不相同,比如2004年的比例是:日本13%、法国11%、澳大利亚2%。一国之内不同年份的比例也不一样,在小国这个比例还可能剧烈波动,比如在瑞士1998年以来的比例在0～15.6%。可见,保险资金参与创业风险投资是一种国际惯例,在创业风险投资里一般比例较低,所以,各国在保险资金投资类型统计中都把创业风险投资划人"其他"类,很少有专门的统计资料。但比例小不等于可有可无,更不等于排除在外。因为,创业风险投资的收益率可能是惊人的。

表6-1 欧洲国家创业风险投资来源中保险公司所占比例统计

年份	1999	2000	2001	2002	2003	2004
比例(%)	14.2	12.9	—	13.8	8.7	12.0

资料来源:www.pwcmoneytree.com

所以我国应该修改《中华人民共和国保险法》,允许保险公司可以以不超过5%的比例,将资金投资入股到创业风险投资企业或通过委托创业风险投资企业、创业风险投资顾问公司运作。目前浙江省可以根据2006年2月14日发布的《国务院关于实施〈国家中长期科学和技术发展规划纲要〉若干配套政策的实施》中“支持保险公司投资创业风险投资企业”和“允许证券公司开展创业风险投资业务”的规定，将部分保险资金用于创业风险投资。据保监会披露，在2007年保险行业资产配置中，银行存款占24.5%，债券占57.6%，股票、股权投资和证券投资基金占14.2%，其他投资占3.7%。前三季度保险资金的平均收益率为2.1%。这种大部分资产都与定息类产品挂钩的资产分布，一旦碰到系统性风险，资产价值容易下降，且收益率过低。国寿资产董事长缪建民指出：“中国寿险业将近90%资产配置在低利率的固定收益市场。只有把剩下的10%做得更好，才可能提升整体资产的收益率。”2006年，保监会就发布了保险资本涉及股权投资的相关规定。社保基金目前已经投资了4只基金，近期对鼎晖和弘毅的投资被认为是操作市场化的开始。尽管“社保基金投资力度”已经超过了鼎晖投资董事长吴尚志原来的预期，但业界仍期盼社保能加快投资步伐，而且整个行业的操作细则应该尽快出台。浙江创业风险投资公司也应该积极争取并参与国家社保基金进入创业风险投资的活动，成为其入市的合作者。

为稳妥起见，从全国角度，我们建议坚持两点原则：一是小额分散、安全至上。即使在发达国家，保险资金进行创业风险投资的数额也只占一国创业风险投资的10%左右，占保险资金总量的1%以下。截至2007年年底，全国社保总资产市值5162亿元；地方社保基金城镇基本养老保险基金累计结存7391亿元；企业年金累计结存1510亿元。全国社保目前投向4只基金的51.5亿元，仅占上述三部分14072亿元的0.36%。这个比例远低于美国养老金7.5%的平均配置比例。而企业年金和地方社保仍无缘 PE。这样小的比例，应该不影响保险公司的偿付能力。但为了保证投资收益率，无论是直接投资还是间接投资，都要坚持适度分散的原则，可以说，今后 5 年之内都是保险资金进行创业风险投资的摸索期和尝试期，切不可冒进。二是分段注资原则。由于初创企业前景的高度不确定性，像保险公司之类的机构投资者对创业企业的出资承诺不是一步到位，而是分批投入。只有保险公司对投资对象的运营结果满意时，才履行后续注资承诺，这样就锁定了损失上限。在通过创业风险投资基金间接投资时，向基金划款同样是分批进行。在采用有限合伙制组织形式时，保险公司作为有限合伙人，只要参与管理的行为没有超出规定界限，依然只承担有限责任，根据协议实现分阶段出资。在有限责任制的创业风险投资企业中，根据《创业风险投资企业管理暂行办法》第 2 条第(三)款："实收资本不低于 3000 万元人民币，或者首期实收资本不低于 1000 万元人民币且全体投资者承诺在注册后的 5 年内补足不低于 3000 万元人民币实收资本。"保险公司在参与创业风险投资活动时也可以实现分期注资。

浙江省的信用社、商业银行、中小银行，特别是股份制合作银行体制比较灵活，进入门槛低，业务范围广，倾向于一些高风险高收益的投资，希望进入创业风险投资领域。但浙江的商业银行尚未被允许以自有资金进行 PE 投资，从事创业风险投资更是缺少法律依据。商业银行和创业风险投资的风险观念完全不同，一个是风险厌恶型，一个是风险喜好型。只有在商业银行的人才、防火墙等各项机制都准备好的情况下，才能开展此项业务。可能的方法是国有商业银行与其他公司、机构共同发起设立创业风险投资基金,或者在政府担保的前提下对有关的项目进行信贷融资。例如,可以组建多层次的科技开发银行,为强化和协调科技创业风险资本的职能,有必要组建主要经营科技创业风险投资的科技开发银行。可由我省财政、科技及工商、银行等单位共同组建科技开发银行,实行股份制的经营管理模式。其宗旨是贯彻我省的产业政策和科技发展规划,统筹协调社会各方面的科技创业风险投资活动,重点支持高新技术开发和加快其产业的进程。经费主要来源为财政拨款、科技三项、金融机构提供的铺底资金、吸收各类存款、发行债券及社会赞助等。经营方式主要为贷款、投资、参股、委托放款、发放政府担保贷款和无息、低息、贴息贷款等多种形式,集银行与非银行金融机构的功能于一体。以政府的信用、商业银行的资本为基础,实现资本放大,吸收更多的民间资本。只要政府加以引导,规范其经营行为,它们将成为参与创业风险投资的主力军,在这方面有很多成功的例子,如许昌市的科技信用社、沈阳的科技创业风险投资基金。

我省投资银行在融资、项目选择和资本运作方面具有较大优势,在策划上市公司介入高新科技产业方面,也有不少成功的经验。因此,投资银行的创业风险投资业务可以与企业并购、资产重组 IPO 等业务很好地衔接起来。根据国外经验,许多投资银行都参与建立创业风险投资基金,帮助上市公司以创业风险投资方式发展高新技术,或者直接投资创业企业。

6.4 鼓励私营企业参与创业风险投资

确立创业风险投资完整的产权并非一朝一夕的事，需要整个制度环境的缓慢演进作为基础。当前比较现实的选择是鼓励私营企业特别是民营上市公司联合其他产业集团、创投公司、金融单位一同发起设立自己的创投机构，该机构除了关注投资于高成长性行业及项目以期获取高额利润回报来提升业绩外，还可以通过创投机构优先投资于与上市公司自身所处行业、产业相配套的技术项目或产业链上下游的创业企业，培育成熟后上市公司通过增发新股和配股所融资金进行并购，从而实现私营企业产业整合和上下游扩张；同时，私营企业特别是民营上市公司还可以通过创投机构这个平台，直接实现联合投资和组合投资，既放大了资本规模，又通过时间的交替、项目的互补、发展阶段的不同等组合优势，长短搭配，投资于一组项目群，大大降低投资风险，给上市公司带来较高的综合收益。而创投机构本身由于有了较大公司深厚的产业基础和金融背景支撑，既放大了投资能力，又可以依托上市公司平台，在投资板块内部进行纵向和横向战略整合，形成板块内部项目之间的有机联系，构造产品、技术和市场等方面的互补性，从而增加板块内部的凝聚力，增强对创业企业或项目的增值服务提供能力和总体协同控制能力，实现投资→增值→退出→再投资的高效循环，从而有效地控制风险，提高成功率与回报率。

上市公司参与创业风险投资具备 4 点优势：一是创业风险投资与产业投资的有效结合。股东背景对一家公司发展是很重要的，创业风险投资企业也不例外。上市公司及其股东大多具备深厚的产业运作和金融资本背景，可以做到创业风险投资和产业投资的较好结合。以浙江天堂硅谷创业风险投资有限公司为例，该公司是由 18 家股东共同投资组建的，其股东大多是近年来成长起来的上市公司，不仅有很强产业基础和很高的行业地位，而且还具有很强的投资融资能力，拥有大量相关科技产业工作经验的人才，可以说，天堂硅谷的投资能力和运作水平因为 18 家股东的产业和金融背景的支撑而得到强化和提高。事实上，国内一些有先见之明的上市公司战略投资部门已经紧紧盯上了本土创投业。这些上市公司通过增发或配股从股市募集了大量资金，除投资企业本身的项目，创业风险投资也是其重要的投资组成部分，比如上海一百曾参与视美乐的投资，江西纸业投资上海双威科技投资管理有限公司，红塔集团设立红塔创新投资公司，联想集团建立联想投资公司等。这些上市公司有了创业风险投资的概念，容易获得基金等机构投资者的关注和追捧，得以维持较高股价和良好市场形象。上市公司投资于创业风险投资，具有产业和金融背景的天然优势，既可以获得新的经济增长点，提升业绩，还可以为上市公司制造题材，使股价上升。二是能够顺利实现创业风险投资的循环。上市公司可以通过增发，配股手段不断地从资本市场募集资金来收购创业风险投资机构培育成熟的项目，一方面创业风险投资机构顺利实现了投资退出和解决了再投资资金来源问题，从而实现创业风险投资的良性循环和增值；另一方面上市公司也得以并购一些前期经过创业风险投资机构精心培育的运行良好、回报稳定的项目作为新的效益增长点，两者可谓各需所求、相得益彰。三是提供有效的增值服务。目前在本土创投业中占主导地位的创业风险投资机构多数是政府出资为主，恰恰在这方面存在着先天缺陷。它们普遍缺乏深厚的产业背景和基础支撑，往往很难判断行业发展变化趋势，很难在投资后对目标企业在市场渠道的开拓、新产品的开发乃至经营管理等方面起到实质的作用。通过上市公司牵手创投机构，可以弥补这个缺陷。上市公司拥有较强技术、管理背景，丰富的行业、市场资源，能够准确把握和判断行业发展的投资趋势，为被投资企业提供包括管理咨询、市场拓展，融资服务等多方面附加价值的服务，提升目标企业的价值，真正提供强有力的增值服务。四是大型企业集团参与创业风险投资具有积聚效应，即由于大集团的参与会大大提高创业风险投资的公信力，有利于民间资本的进一步积聚。另外，大型企业集团参与创业风险投资还具有辐射效应，一个创业风险投资案例的成功，就会给集团带来巨大的收益，这种财富效应很快会辐射到很多大集团企业，由于利益驱动，他们很快也会参与到创业风险投资当中去。当有诸多集团公司一起参与到创业风险投资中去，就会形成更强的积聚效应和辐射效应。据不完全统计，沪深两地股市上市公司中共有 10 家闲置资金额超过 20 亿元，其中闲置资金最高的达 38 亿元之多，已有 500 家上市公司通过各种方式介入高新技术产业，估计至少有 100 多家上市公司参与创业风险投资。

上市公司介入创业风险投资通常根据自身的实际情况而定，主要有三种方式：第一，“上海一百”模式，即直接投资的方式，上市公司直接收购兼并或参股投资于高新技术企业。具体操作为:上市公司通过资本运作方式,从投资者手中吸收足够的闲散资金,形成一定规模的创业风险投资资本,之后,上市公司开始寻找一些掌握高新技术的中小企业,经过项目评估后,进行创业风险投资。如上海一百投资北京视美乐公司,乐山电力出资 980 万参与组建成都鹰网科技有限责任公司等。此类创业风险投资模式的优点是,减少了委托—代理的风险和成本,扩大公司的规模和科技实力,可以因此而提高公司的科技含量。缺点是:风险比较集中。第二,“青旅控股模式”,即上市公司与其他公司一起联合成立创业风险投资公司,但在公司中所占份额不会超过 50%,如上海港机参股 21 世纪科技投资有限公司。参股创业风险投资公司的优点是:出资额可大可小,投资相对分散,风险比直接投资要小,手续也比较简单。其缺点是:在创业风险投资公司中,其发言权不大,不利于公司全面提升主营业务科技实力和改变业务方向,这种方式比较适合没有多少科技力量或资金实力相对不强的上市公司。第三,控股的方式。上市公司本身作为主要发起人发起成立创业风险投资公司,并在公司中占有相对或绝对的控股地位。创业风险投资公司通常依附于某大型企业集团,投资方向与该集团的发展方向一致,如美国的微软和国际数据集团(IDG)等都有著名的创业风险投资公司,我国上市公司中如清华紫光发起设立的清华紫光创业风险投资有限公司、苏常柴发起设立的华鼎科技投资有限公司等。上市公司一般介入与自身产品比较接近的高新技术产业。这种方式的优点是:可以充分利用自身行业优势,在投资向类公司中容易取得成功,可以利用创业风险投资强化自身的业务优势或者延伸到其他领域,分散风险。其缺点是:一般出资额较大,实力不强的上市公司难以接受,投资局限性相对要大一些,而不像有金融背景的创业风险投资公司那样熟悉资本市场运作。值得注意的是,目前越来越多的上市公司与券商联合从事创业风险投资业务,产业资本与金融进行结合,加大了所投资对象在资本市场运作成功的概率。

6.5 疏通创业风险投资的退出渠道

6.5.1 从中小企业板到创业板

1. 摒弃上市企业的技术含量标准,真正为创业企业服务

健全和完善"中小企业板"的关键是要明确,高科技取向并不是区分创业板市场与传统市场的合适标准。由于科技型企业通常具有较高的成长性,所以,美国 NASDAQ 等创业板市场所创造出的创业神话大都出自科技型创业企业。由于它们的高成长性往往具有更强的新闻效应,所以,流传在市场上的故事也大都与科技型创业企业相关。但这种停留于表象的认识毕竟不能代表严肃认真的科学探讨。而经过深入的理性分析之后,我们发现:创业板市场是适应支持企业创业的需要而发展起来的新型公开资本市场,而"创建企业"这种特定意义的创业活动并不必然与高新技术相联系。创业能否成功,能创建起多大规模与效益的企业,关键在于能否为市场提供满足需求

的产品与服务。国际上有许多成功的创业案例(如美国著名的联邦快递)就是基于工艺与服务方式等方面的创新,而创造出具有市场前景的产品与服务。相反,基于科技含量虽高但并不具有适用性的产品而创建企业,则注定遭遇失败的命运。因此,国际上极少以科技含量作为企业上市的标准,即使是以孵化高科技企业而著称的NASDAQ市场,非科技型企业所占的比例也在47%以上。期望通过创业板市场推进高技术产业发展,这种主观愿望无疑是好的。但问题是任何经济制度的目标都必须通过特定的操作机制才可能实现,而操作机制具有不以人的意志为转移的内在规律,必须借助于市场力量才可能运行。因此,仅仅从主观的制度目标来设计操作机制往往又缺乏可操作性。由于科技含量是一个只宜通过市场来进行选择,而无法通过人为立法加以界定的参数,所以,人为地以科技含量作为是否可以到创业板上市的条件,就必然面临一个在实践中无法操作的问题。由于在实践中无法操作,因此,以科技含量作为是否可以到创业板上市的标准反而不利于真正支持高新技术产业发展。

(1)科技进步日新月异,而人为的科技含量标准总是具有滞后性,因此,以一种总是具有滞后性的人为标准作为上市条件,反而有可能将真正具有前瞻性的高新技术企业拒之门外。

(2)完善创业板市场的保荐人制度。我们应当努力借鉴国际经验,对成长型中小企业上市推行保荐人制度,切实维护投资者的合法权益,从而提高市场的营运质量和运作效率。与主板市场相比,创业板市场的运行风险更大,因此对保荐人的资格要求更严,素质要求更高。保荐人对创业板市场上的拟发行公司负有完全的推荐责任。保荐人是防范和规避创业板市场运行风险的重要承担者。

(3)着力培养机构投资者。西方国家成熟的证券市场上机构投资者是主导者,有成熟规范的、类型齐全的机构投资者,如共同基金、养老基金、证券公司、投资基金等。广大散户投资者不能掌握复杂投资分析方法，抗风险能力差，如果市场上以散户投资者为主，还可能存在羊群效应、搭便车现象，不利于增加市场稳定性,市场上投机性大。而创业板市场上市门槛相对较低，股票投资的风险更大，股价变动更大更频繁,因此更需要培养相当比例的、成熟的、掌握专业知识的机构投资者来稳定市场,降低风险。

(4)建立相对独立的创业板体系。创业板有两种可供选择的设立模式:一是在中小企业板的基础上放宽上市条件,使中小企业板过渡为创业板;二是建立独立的创业板体系。我们建议采取第二种模式。因为我国证券市场已经发生了很大变化,各项改革逐步到位;独立的创业板体系可以有效避免主板市场习惯做法或某些规则的潜在影响。只要精心设计制度,悉心管理和引导,我国创业板市场一定会健康发展。

6.5.2 稳健推进主板市场的改革

按照“先增量,后存量;先场外,后场内”的原则解决法人股流通问题,更好地发挥主板市场对创业风险投资退出的应有作用。主板市场由于上市门槛高,通常只允许相当成熟且具有一定规模的优质企业上市,因此,自然不如创业板股票市场那样,便于创业风险投资的快捷退出。然而,对于偏好从事创业后期投资的创业风险投资企业,只要解决好“法人股不能流通”这个问题,主板市场仍不失为一条创业风险投资退出的佳径。

随着我国股票市场的发展,尤其是随着我们对国有企业认识的深化以及股票发行方式的改进,“法人股不能流通”这一政策限制,也早已失去其最初的意义。一是我国股票市场已经具备一定规模,在对发起人股设定适当禁售期的情况下,允许新发行的股票实行全流通,不会导致市场的热烈炒作。二是与20世纪90年代初期相比,国家对上市公司的认识已经有了很大变化。过去出于保持上市公司国有性质的愿望,才制定了国有股、法人股不能流通的规定;如今,国有资产退出竞争领域已成为新的主旋律,因此也就没有必要再禁止国有股和法人股流通了。三是随着发行方式的改进,发行市场的价格与流通市场的价格越来越趋于一致,因此,发起人购买法人股的成本也越来越与首次公开招股时一般投资购买公众股的成本趋于一致(当然,发起人股要承担更多的时间成本和风险成本,所以,购买价格低一些也是完全合理的)。这样,便自然不再存在“不同股,不同价”的问题。

但鉴于目前法人股的存量已经十分庞大,如果寄希望毕其功于一役地将存量问题和增量问题一揽子解决,就势必造成股市流通股的急剧扩容而引起股市巨幅震荡。2002年实施国有股流通试点所带来的问题,就已经做出了最好的证明。比较现实的选择是先针对增量部分,实行发起人股与公众股同股同权式的并轨。当然,为了避免发起人运用信息优势,推动股票上市后马上实现套现,而损害其他投资者利益并造成股票价格波动，发起人仍应规定一个禁售期。待股票市场容量扩大到足够规模，以至于法人股的存量部分相对于股票市场总规模而言，已经是个小数额之后，再可针对存量部分实施全流通方案。此外，在实行场内流通之前，可先期鼓励境内外机构投资者通过场外受让暂不能在场内流通的发起人股。

6.5.3 进一步完善技术产权交易市场

上市退出的平台是证券交易市场，而并购、清算退出的平台主要是产权交易市场与技术产权交易市场。在创业风险投资机构实际操作的案例中可以看出，利用产权交易市场与技术产权市场，采用并购、清算等退出方式，是比较常见的方法。近年来，国内关于创业风险投资退出机制讨论的重点集中在 IPO 上。较为重视主板市场和创业板市场对创业风险投资退出的作用，而对股份转让和破产消算两种形式尚未引起足够的关注，在一定程度上忽视了产权交易市场对创业风险投资退出的重要作用。

浙江技术产权市场的完善，需要从交易供求能力与动力的提高、交易制度的完善和交易效率的提高等方面入手，而技术资本化及流动性的增强是解决问题的重要途径。

(1)加快产权交易品种的开发和创新。技术资本化的重要表现是将技术成果及其衍生形态转化为技术产权，这是为达到科技成果转化目的而直接或衍生形成的各种可交易标的，其具体表现包括科技成果、高新技术成果产业化项目、新技术企业产权、技术创新型企业产权，以及成果与项目投资、创业风险投资所形成的产权。中国产权交易市场长期以来一直以整体或部分产权为主，并且又以国有产权交易为主，交易品种单一的状况严重地制约了产权交易市场的发展。当前，充分利用产权交易市场平台功能，加快开展对非上市股份有限公司股权的登记托管业务，是增加交易品种、增强市场交易量的有效途径。同时，积极探索对非上市公司股权登记托管、股权的质押置换、企业应收款项等具有权益指标的交易新品种，使产权交易市场具有较长的生存周期。建议国家有关部门经过法定程序和条件，认可一批规范的、具有区域性特点的产权交易市场依法从事非上市股份有限公司股权的登记和托管业务。

(2)政府给予民间资本置换高技术企业国有创业风险投资以优惠和放松。应该遵循国有资本退出一般性竞争领域的原则，引导、鼓励民间资本置换那些初期出于科技扶持的政府资本，减少进入的障碍。同时，要在信息发布、信息披露上提供完备的服务，为非上市交易双方提供对称的信息，减少投资和转让的风险。

可考虑在杭州、温州等地区，选择一些经营管理水平高的证券公司率先开展柜台交易，按市场机制代理买卖创业风险投资的产权。

(3)加强对中介服务机构的监管，培育和提高产权中介机构的水平。在成熟的产权交易市场，发达的中介服务机构对于产权交易必不可少。中介机构的职责包括帮助顾客物色目标公司、资产评估、预测经营前景、代理进行价格的磋商、确定交易方式以及控制法律风险等。我国亟需建立健全社会中介组织市场准入制度，实行资质等级管理，建立淘汰制度。对不讲诚信、不守职业道德和有严重违法违纪行为的机构与从业人员，清除出该行业，并建立“黑名单”，限制其再进入。促进产权中介机构拓展业务空间，向新领域发展，包括为企业提供扩张战略方案、资产评估、收购兼并的结构设计、价格确立与资金安排、直接产权运作等。

(4)积极促进 PE 与 VC 的对接。所谓 PE，即以私募形式筹集资金并选择非上市企业进行权益性投资，而后通过上市、并购、回购等退出方式出售其所持股权以获取初始资本的回报利润。广义的 PE，涵盖企业首次公开发行前各阶段(初创期、发展期、扩张期、成熟期)的权益投资，其投资资本也相应地划分为创业风险投资(即 VC)、发展资本、并购基金、夹层资本、Pre-IPO(企业上市前)资本等。狭义的 PE，专指对已经形成一定规模并产生稳定现金流的成熟企业所进行的股权投资(区别于 VC)。这里需特别说明的是，现今社会普遍所言，以及本书论述所指的 PE 为狭义概念上的 PE。自 2007 年 6 月 1 日《合伙企业法》开始实施以来，各地的合伙制私募股权投资基金纷纷公开亮相，目前我省已经成立的有限合伙制私募基金包括私募股权投资基金、私募证券投资基金，已有 10 家左右。私募股权基金与中国经济的发展相辅相成、互相促进，将在浙江资本市场舞台上扮演越来越重要的角色。然而，在浙江，私募股权基金信息有限，常为找不到好项目烦恼，而浙江产权交易机构在积累了大量项目的基础上，碍于国内融资渠道较窄，渴望能吸引到各方资金，两者一拍即合。产权交易市场完全有可能成为私募股权基金在中国的新交易平台。产权交易所庞大的企业信息库满足了私募基金的信息需求。目前，浙江省存在 30 多家产权交易所，承载了数百家企业物权、股权、债权和知识产权的转让任务,丰富的股权转让中介经验和全面的企业信息库,对于急需寻找投资的私募投资机构来说是极大的诱惑。私募投资基金完全可以利用产交所现有的信息库,发现有价值的投资对象,缩短项目寻找和筛选、客户访谈和尽职调查等工作环节,减少信息不对称,提高投资效率。同时,在采用并购或股权转让实现资本退出时,也可利用产权交易市场寻找买家,或者利用交易机构的产权经纪人代理撮合卖出股权。产权交易所应该充分发挥私募股权基金在创业风险投资退出中的重要作用,主动进行多项改革创新,去迎合私募股权市场发展的需求。建议推出"创业企业产权交易"模块,争取将股权买卖信息与金融市场动态信息同时送达证券、基金、保险、私募等终端用户。同时积极拓展中心融资功能,推荐创业企业海外上市,为私募股权基金更紧密携手产权交易所打下坚实基础。我们认为,在未来的资本市场发展中,私募股权基金和产权交易所的结合将成为浙江省创业风险投资退出渠道的重要组成部分,也必将为产权市场与资本市场的融合之路添上浓重的一笔。

6.5.4 鼓励主板上市公司并购创业企业

在当前创业风险投资难以通过首次公开上市(IPO)方式实现退出的情况下,在我国这种以银行为中心的资本市场的国家里,企业并购是当前浙江省创业风险投资退出的首选途径。原因有三个:一是主板市场的上市企业可以通过对高科技企业的并购提高经营业绩。我国的上市公司多数都是传统产业型公司,近年来整体业绩呈逐年下降的趋势。上市公司要提高经营效益,完成从传统产业向高科技产业的转型,单纯依靠企业内部的自身发展和产品转型,在短期内是很难实现的。在短期内实现公司转型和提高业绩的最直接和最有效的方法就是采取收购高新科技型企业和公司资产重组的方式。由于创业企业一般都为高新科技型企业,且相当部分是具有高成长和业绩优良的特性。因此,创业企业中的成功者必将成为上市公司收购和兼并的首选目标。二是主板市场的大多数上市公司具有连续融资的便利条件,因此有足够的资金收购创业企业。目前主板市场的上市公司除了少数 PT、ST 和亏损公司失去配股资格,约有四分之三的上市公司具有配股资格,每次配股都可以为公司带来数亿元的资本金,这为公司收购和兼并创业企业提供了必要的资金保证。同时上市公司的资金主要来自社会大众,因此对投资的短期回报有较高的要求。上市公司收购和兼并高成长和高盈利的创业企业,可以满足这种在短期内提高公司经营业绩的愿望。三是目前我国主板市场有足够的市场容量可用来吸纳创业企业。一家上市公司只要愿意,可以以现金和股权的形式收购和兼并几家甚至是十几家的创业企业。上市公司以股权对换形式收购创业企业,其在主板市场所增加的股票数量和市值将远远小于该创业企业在创业板市场所增加的股票数量和市值。因此,以目前主板市场数千家上市公司的市场规模,完全有足够的市场容量,让上市公司以收购和兼并的方式来吸纳创业企业。

随着创业风险投资业在浙江的发展,今后一段时间将有越来越多的创业风险投资急需从创业企业退出。截至 2007 年年底,浙江已经拥有主板上市企业87家，绝大部分是民营企业。与非上市公司相比，浙江上市公司不论从其内在需求、融资渠道和资金能力等方面，都有兼并和收购创业企业的动力和能力，创业企业也更愿意被上市公司所收购，且主板市场也有足够的市场容量可用来吸纳创业企业。

6.6 充分发挥政府的诱导作用

1. 通过"民办官助"方式带动民间资本

政府通过间接的金融激励方式，以少量投入带动大量民间资本，实现"放大器效应"。我们可以借鉴西方国家的各种"补贴"、"担保"方式，即实质上是政府部门与私人共同出资筹集创业风险投资的变相形式，通过分担投资者风险而对民间资本形成鼓励作用，也可以通过在创业风险投资组织中参股（而非控股）的方式扶持创业风险投资发展，对创业风险投资组织或中小企业提供融资支持。

目前在不少地方的创业风险投资的实践中已出现了多种"民办官助"性质的创业风险投资组织，如北京科技创业风险投资股份有限公司、北京高新技术产业股份有限公司，在这些组织中，政府出一部分启动资金支持公司的设立，但不控股，政府提供优惠政策，扶持创业风险投资企业的发展，但不直接干预公司经营活动。这可能是今后浙江政府资金支持创业风险投资发展的一种比较好的模式。

2. 建立政府创业风险投资引导基金

2009年3月18日，《浙江省创业风险投资引导基金管理办法》颁布，同期宣告了浙江省引导基金的成立，一期规模5亿元。此前，杭州市也成立了创业风险投资引导基金。目前我省已经有多家政府创业风险投资引导基金诞生。为有效发挥政府资金的作用，我们建议：

(1)坚持商业性独立运作。在这方面，江苏省科技发展创业风险投资基金为我们提供了较好的榜样。江苏省科技发展创业风险投资基金的管理模式的特点是两个分离：一是基金和公司分离，创业风险投资基金是一个专用账户，上面有一个基金管委会，江苏省创业风险投资有限公司是一个独立注册的公司，相当于一个托管机构；二是投资公司和管理公司分离，在省级基金参与组建的创业风险投资公司(基金)中，江苏省科技发展创业风险投资基金仅仅作为投资人的代表，在投资公司(基金)中行使投资人的权利，不干预管理公司组建和运作。到目前为止，该公司共参与组建了10个创业风险投资公司(基金)，其中和地方政府合作设立了3个创业风险投资公司(苏州、无锡和常州)，与境内外商业资本合作7个公司(基金)。在这些合作当中，参与创投公司(基金)的总规模超过11亿元，其中省级基金(江苏省科技发展创业风险投资基金)共投资2.9亿元，占26.6%。

(2)为创业风险投资企业的设立提供有限参股支持。政府可通过适当比例参股(如20%)的方式支持民间设立按照市场化原则运作的创业风险投资企业。这样，可以通过政府资金的扶持有效吸引民间资金和外资参与创业风险投资，拓宽创业风险投资的资金来源，并确保创业风险投资企业真正将资金投资到未上市创业企业，提高创业风险投资企业的专业化水平。2006年10月21日，浦东新区宣布启动全国首只由地方政府倡导设立的创业风险投资引导基金——浦东新区创业风险投资引导基金。据了解，此举将充分发挥10亿元政府资金的引导和示范作用。浦东新区有关人士表示，与传统的政府无偿资助不同，引导基金虽属于非营利资金，强调政策性和引导性，要求保本微利经营，以激励和奖励专业机构投资并推动浦东重点高新技术产业的发展。另外，与传统政府项目评审机制不同，引导基金将充分利用专业机构的项目识别能力和资本运作能力，委托其挑选、管理项目，原则上不介入创业风险投资企业日常的经营管理，不干预其正常的投资决策，确保按照专业化、市场机制进行选择。据悉，创业风险投资引导基金相继与HBM、DFJ等签署备忘录，达成募集2亿多美元基金的合作意向。与IDG、同华、德同、Gobi、同脉等的合作事宜也在协商中。此外，引导基金拟投入500万美元，按照国际流行的创业风险投资基金模式加入DFJ，有望成为国内资本作为有限合伙人参与国际主流基金的全国首个案例。

(3)实行“跟投”模式。即由政策性资金与民间资本分别组成各自的创投基金，结合成立创业风险投资的战略联盟，共同寻找或建立专业创投管理团队，并由这些团队进行具体的创投项目管理，政府不介入项目管理过程，只是按照投资协议的约定进行“跟投”，但保留对超出协议范围的项目不“跟投”的权利。这种“跟投”模式的最重要特点是在发挥政策性资金引导作用的同时不损害创业风险投资的市场化运作。目前，国内部分省市已在“跟投”模式方面进行了一些有效的尝试，如中关村成立了“跟投”基金，江苏高新技术创业风险投资公司与IDG专项投资合作采取了类似“跟投”的投资联盟模式。

3. 通过融资支持，放大创业风险投资企业的投资能力

最近，科技部与国家开发银行联合制定《关于推动科技型中小企业融资工作的指导意见》，明确提出要充分利用国家的开发性金融政策，为创业风险投资机构提供高新技术创业贷款。将创业风险投资机构培育成高新技术企业的融资平台，促进金融创新和科技创新的有机结合，进一步支持科技型中小企业的发展。这种模式规避了银行贷款不能作为直接投资的政策限制，是一种大胆的尝试和创新，拓展了创业风险投资机构的资金来源，对正处于调整期、资金来源不足的我省创业风险投资企业具有重要意义。目前，高科技创业贷款模式已在北京、上海、西安、重庆四个城市展开试点，共向16家创业风险投资机构发放贷款12.3亿元，用于支持高科技企业，对创业风险投资机构后续发展支持初见成效。有的金融机构还在探索对科技型中小企业的新型投融资模式，制订了"开发性金融合作协议"框架，开展对科技型中小企业"打包贷款"的试点工作。这种做法应该尽快在我省推开。

4. 运用风险补偿机制，降低创业风险投资的投资损失

可考虑在省政府和地市政府两级设立创业风险投资风险基金，对创业风险投资企业的投资损失给予适当比例(不超过50%)的风险补偿。这样即可降低创业风险投资企业的投资损失，从而相应提高其投资收益。由于政府只对部分投资损失提供风险补偿，主要投资损失仍需创业风险投资企业自己承担，所以也不会影响创业风险投资企业继续发挥其自身的风险约束机制。

5. 建立和培养品牌型孵化器

建立品牌型孵化器，批量而稳定地培育高质量中小型高新技术企业，为创业风险投资提供充分发展的市场基础。品牌型孵化器指

的是能对入孵企业提供优良服务，能够批量、稳定、高效出产高新技术企业，在同行业中具有良好口碑的技术孵化器。可以通过对现有的一部分国家级技术孵化器的改造或新建尽快设立。一个能稳定高效出产高新技术企业的品牌型孵化器将不断提高自身声誉，同时对入孵企业带来极大的好处，即有效地解决信息不对称问题带来的负面影响，吸引创业风险投资主动进入，加强与孵化器的合作。

那么浙江如何建立和培养品牌型企业孵化器呢？我们建议：第一，优化组织治理结构。要建立一批运作良好的孵化器并逐渐将其品牌化，必须首先找准其定位，这对其组织治理结构的优化以及日后的运作都有重大意义。我省孵化器带有浓厚的行政色彩，应使其从“准官方机构”尽快向“非盈利部门”过渡。主要由政府出资的一批品牌型孵化器可视国家为最终出资人。政府可以通过在科技厅下面设立一个按照公司模式自主经营的机构代行出资人职能，该机构对品牌型孵化器进行财权、人事权等方面的管理，但不直接介入日常经营。孵化器对该机构负责，受其监督，并由该机构根据业绩情况对孵化器进行考评，以明确其权责。考评时应更多注重技术孵化器带来的社会效益，而不是简单地以经济效益为主。第二，提高品牌型孵化器进入门槛，提高企业培育成功率，利用有限资金起到示范效应。第三，品牌型孵化器应当在政府大力协助下建立多元化服务体系，为入孵企业提供最全面的服务。现有的孵化器提供的服务主要集中在物业管理、房地产租赁和日常行政服务等基本的方面。对入孵企业有相当大影响的如投融资服务、政策法律信息咨询与扶助、会计服务、产品市场推广、技术转让中介等服务项目提供较少，对入孵企业的支持力度较低、效果较差。多元化的服务体系是与一个品牌型孵化器的地位相对应的，可以在最大限度上消除中小型高科技企业在初创、成长过程中遇到的资金、政策法律、市场等方面的困难，可以使创业企业的合伙人将精力更多地放在产品的研发、技术的开拓等方面，有利于高科技企业的成功。第四，在创业风险投资的参与下建设专业性、营利型孵化器。专业孵化器是国内孵化器的最新发展趋势，而创投机构往往也重点定位于某几个投资领域。利用孵化器的专业优势、管理优势、服务优势、网络优势、政策优势，以及创投机构的资金优势、投资管理优势、行业资源优势，两者联合共建专业孵化器，必然能构建一种新型的投资运营模式。在江苏省的 42 家孵化器中，有 18 家孵化器的进驻企业获得创业风险投资的支持，孵化器的企业获得创业风险投资额约占其总投资额的四分之一。这可以看出创投机构与孵化器之间具有相当紧密的联系。作为第一家在美国纽约证券交易所挂牌的中国民营企业，无锡尚德太阳能电力有限公司的发展与孵化器及创业风险投资给予的支持是分不开的。2000 年 8 月，无锡高新技术创业服务中心在对其项目进行调研基础上，协助撰写商业计划书，并积极推荐，成功引进 6 家单位对其进行创业风险投资注入，注册资本 800 万美元。经过 5 年发展，尚德公司资本规模已近 10 亿元，累计实现总产值 30 亿元。2005 年上半年，完成重组并成功上市。外省市的成功经验对我省孵化器的建设有很大借鉴意义。

附　录

表 1　浙江省创业风险投资资本状况比较

年份 资本(亿元)	2007 年 (32 家)	2008 年 (56 家)	2009 年 (78 家)
实收资本	28.98	69.24	70.55
管理资本	76.39	138.12	249.19
其中可投资大陆资本	74.40	109.56	248.84
机构平均实收资本	0.91	1.24	0.90
机构平均管理资本	2.38	2.46	3.19

表 2　浙江省各类创业风险投资资本来源结　　单位:亿元

			2008 年		2009 年	
	参与调查机构数(家)		56		78	
	资本类型		金额	占比％	金额	占比％
内资			114.54	82.93	232.12	93.15
	政府资本	政府资本	6.86	4.96	12.11	4.86
	国有独资	国有独资机构	10.48	7.59	13.62	5.47
	企业资本	上市公司	7.52	5.45	17.62	7.07
		非上市公司	58.04	42.02	152.65	61.26
	银行	银行	1.07	0.78	0.50	0.20

续 表

	非金融机构	保险公司				
		证券公司				
		信托公司			0.03	0.01
		其他				
	个人	个人	10.81	7.82	28.35	11.38
	事业单位	事业单位	3.71	2.69	4.42	1.77
	社保基金	社保基金				
	其他	其他	16.05	11.62	2.82	1.14
外资			23.58	17.07	17.07	6.85
	境内外资				17.07	6.85
	境外外资		023.58	17.07		
总计			138.12	100.00	249.19	100.00

表 3　浙江省各种管理资金规模的创业风险投资机构分布状况

年份 资金(万元)	2007 年		2008 年		2009 年	
	机构数	占比(%)	机构数	占比(%)	机构数	占比(%)
5000 以下	9	28.13	19	33.93	30	38.46
5000～10000	7	21.87	11	19.64	13	16.67
10000～20000	4	12.50	12	21.43	12	15.38
20000～50000	8	25.00	7	12.50	13	16.67
50000 以上	4	12.50	7	12.50	10	12.82

表4 浙江省不同规模的创业风险投资机构管理资本分布状况

年份 资金(万元)	2008年		2009年	
	管理资金量	占比(%)	管理资金量	占比(%)
5000以下	40420.00	2.92	420891.00	16.89
5000—10000	68559.00	4.96	87870.00	3.53
10000—20000	130182.00	9.43	117844.00	4.73
20000—50000	21127.48	15.30	195855.12	7.86
50000以上	930750.00	67.39	1669421.48	66.99
总计	1381181.48	100.00	2491881.60	100.00

表5 2008—2009年创业风险投资机构属性分布变化

年份 企业类型	2008年		2009年	
	数量	占比(%)	数量	占比(%)
国有或政府主导企业	12	21.43	14	17.95
民营及其他类型企业	43	76.79	63	80.77
外商独资企业	1	1.79	1	1.28
合计	56	100.00	78	100.00

表6 浙江省创业风险投资机构的区域分布

项目	杭州	宁波	湖州	绍兴	嘉兴	合计
机构数量	64	7	2	3	2	78
占比(%)	82.05	8.97	2.56	3.85	2.56	100
2009年新成立机构	8	0	0	1	0	9
占比(%)	88.89	0	0	11.11%	0	100.00

表7 浙江省创业风险投资机构的雇员规模

雇员规模	11人以下	11～20人	21～30人	31～40人	40人以上
机构数(家)	44	24	4	2	4
占比(%)	56.41	30.77	5.13	2.56	5.13

表 8 浙江省创业风险投资机构人力资源结构

年份	总人数	机构数	平均人数	专业人员		5 年以上 VC		硕士学历	
				人数	占比(%)	人数	占比(%)	人数	占比(%)
07 年	448	32	14	203	47.53	101	22.54	105	23.44
08 年	627	51	13	284	45.31	126	20.10	155	24.72
09 年	1029	78	13.19	448	43.54	232	22.55	262	25.46

表 9 截至 2008 年浙江省创业投资总体运作概况

	截至 2009 年投资		2009 年投资	
	绝对数	比重%	绝对数	比重%
投资企业数(家)	751	100%	131	100%
投资高新技术企业(家)	279	37.2%	57	43.51%
投资总金额(亿元)	76.42	100%	23.65	100%
投资高新金额(亿元)	43.45	56.86%	13.67	57.80%

表 10 创业风险投资项目投资阶段与资金分布(2009)

名称 投资阶段	项目数	项目占比(%)	投资额(万元)	投资占比(%)	平均单项投资额(万元)
种子期	25	19.08	19218	8.13	768.72
起步期	24	18.32	13950	5.90	581.25
成长(扩张)期	62	47.33	149982	63.42	2419.06
成熟(过渡)期	18	13.74	52322	22.12	2906.78
重建期	2	1.53	1019	0.43	509.50

表 11　截至 2009 年年底浙江省创投机构投资项目运行情况

	投资运行情况	企业数	比重(%)
已上市	境内上市	41	5.46
	境外上市	1	0.13
准备上市	境内上市	102	13.58
	境外上市	5	0.67
机构收购	境内上市公司收购	1	0.13
	境内非上市公司收购或自然人收购	13	1.73
	境外收购	0	0
	原股东收购	268	36.68
	管理层收购	9	1.20
	继续运行(不包括上市和准备上市)	298	39.69
	清算	13	1.73
	投资企业合计	751	100.00

表 12　2009 年浙江省创投机构投资的企业行业分布状况

行业	种子期	起步期	成长期	成熟期	重建期	小计	占比(%)
软件产业	2	4	11	1		18	14.17
传统产业	1		8	3	1	13	10.24
通信		1	2	2		5	3.94
新能源技术	2	3	3	1		9	7.09
环保工程	1		4			5	3.94
光电一体化		1	1	1		3	2.36
金融服务	3					3	2.36
其他 IT	2					2	1.57
新材料			4			4	3.15
生物科技			1			1	0.79

续 表

行业	种子期	起步期	成长期	成熟期	重建期	小计	占比(%)
IT 服务业	3	2	5	2		12	9.45
医药保健	2	1		1		4	3.15
消费品与服务	2	1	3	5		11	8.66
科技服务	1	2	1	1	1	6	4.72
媒体和娱乐业			3			3	2.36
资源开发工业			3			3	2.36
农业		2	3			5	3.94
网络	3	1	5			9	7.09
核技术				1		1	0.79
其他	1	4	4	1		10	7.87
合计	23	22	61	19	2	127	
占比(%)	18.11	17.32	48.03	14.96	1.57		100.00

表 13 浙江省创业风险投资项目的单项投资金额分布(2007—2009)

年份 / 金额(万元)	2007 年		2008 年		2009 年	
	项目数	比重(%)	项目数	比重(%)	项目数	比重(%)
100 以下	17	18.89	5	6.4	11	8.40
100—200	15	16.67	10	14.1	17	12.98
200—600	14	15.56	23	28.21	28	21.37
600—1000	8	8.89	6	7.69	21	16.03
1000—2000	15	16.67	18	23.08	23	17.56
2000—5000	17	18.89	11	14.1	20	15.27
5000 以上	4	4.44	5	6.41	11	8.40

表 14　浙江省创业风险投资机构享受到的扶持政策情况

扶持政策	获政府资金支持	获信息交流支持	所得税减免	计提风险准备金	人员培训支持	其他
机构数	34	39	46	12	16	3
占比(%)	43.59	50.00	58.97	15.39	20.51	3.85

表 15　浙江省创业风险投资机构期望的政策激励情况

激励措施	税收减免	设立政策性引导基金	完善资本市场	政府奖励	人员培训	成立全国行业协会	修改相关法律	允许保险资金进入
机构数	62	51	44	30	24	14	13	8
占比(%)	79.49	65.38	56.41	38.46	30.77	17.95	16.67	10.26

表 16　创业风险投资项目投资效果不理想的原因

原因	内部管理水平有限	退出渠道不畅	政策环境变化	市场竞争	技术不成熟	缺乏诚信	后续融资不力	其他
机构数	35	33	28	24	19	13	18	1
占比(%)	44.87	42.31	35.90	30.77	24.36	16.67	23.08	1.28

表 17　浙江省 2009 年度创业风险投资项目退出的方式

退出方式	原股东回购	境内非上市公司收购	境内上市	清算
项目数	11	2	4	6
占比(%)	47.83	8.70	17.39	26.09

表 18　浙江省创业风险投项目退出效果对比(2007—2009)

类别＼年份	2007 年	2008 年	2009 年
项目数	7	13	23
投资额	6713	8410	11309.33
平均投资额	959	646.92	491.71
投资收入	19776	11364.5	18702
投资收入/投资额	294.59%	135.13%	165.37%
平均投资时间	3.7	6	5

说明:以上数据主要来源于:浙江省科学技术厅,浙江工商大学科技创新统计与分析研究所,浙江省创业风险投资行业协会:《浙江省创业风险投资发展报告 2010》,浙江工商大学出版社,2010 年。数据调查样本为浙江省地域范围内共 78 家创业风险投资机构。

参考文献

[1] 中国风险投资研究院. 2010 中国风险投资年鉴[M]. 北京:民主与建设出版社,2010.

[2] 王元等. 中国创业风险投资发展报告 2010[M]. 北京:经济管理出版社,2010.

[3] 浙江省创业风险投资发展报告[M]. 杭州:浙江工商大学出版社,2009.

[4] 尹国俊. 日本创业资本产权缺损及其演化[M]. 北京:经济科学出版社,2009.

[5] 杨华初. 创业投资理论与应用[M]. 北京:科学出版社,2003.

[6] 范柏乃. 现代风险投资运行与管理[M]. 上海:同济大学出版社,2002.

[7] 高正平. 政府在风险投资中作用的研究[M]. 北京:中国金融出版社,2003.

[8] 陈德棉,蔡莉. 风险投资国际比较与经验借鉴[M] . 北京:经济科学出版社,2003.

[9] 孙文建. 创业投资市场模式的比较与选择[M]. 北京:经济管理出

版社,2004.

[10] 张永衡. 风险投资与产权制度[M]. 北京:经济科学出版社,2002.

[11] 张陆洋. 风险投资导论[M]. 上海:复旦大学出版社. 2007.

[12] 刘健钧. 创业投资产权演化论[M]. 北京:经济科学出版社,2004.

[13] 曹利莎,丁江涛. 激活民间资本创业投资的对策思考[J]. 管理参考,2007(6).

[14] 胡海峰. 创业投资学[M]. 首都经济贸易大学出版社 2006(9)

[15] 姜鸿磊. 关于我国民间资本进入创业投资的研究[J]. 科技管理,2007(5).

[16] 郭明杉,杨波,孙长雄. 风险投资有限合伙制激励约束机制研究[J]. 商业研究,2008.

[17] 周永红. 风险投资:浙江经验及对西部的借鉴[J]. 特区经济 2007(8).

[18] 吕炜. 风险投资发展的制度背景与价值分析[J]. 经济研究参考,2001(10).

[19] 周洪海. 从创业活动驱动因素看中国创业投资发展模式[J]. 中国创业投资与高科技,2004(9).

[20] 潘蕙等. 日本创业投资特征[J]. 中国创业投资与高科技,2005(8).

[21] 郭田勇,王鋆. 推动我国高新产业发展的“孵化器+风险投资”模式研究[J]. 北京中央财经大学学报,2006(11).

[22] 张明,夏太寿. 创业投资的“入口”与“出口”选择 [J]. 中国科技

投资,2006(5).

[23] 董放. 投资项目评估实物期权法[J]. 辽宁工程技术大学学报(社会科学版),2005(7).

[24] 李凯,赵明. 我国风险投资发展的制约因素分析[J]. 东北大学学报(社会科学版),2003(1).

[25] 徐冠华. 发展具有中国特色的风险投资和资本市场[J]. 中国科技投资, 2006(5).

[26] 三本松进. 中小型创投企业的创新与东亚经营以及全球化经营[J/OL],2006 年 12 月, http://www.rieti.go.jp/cn/publications/sumamary/06120007.html.

[27] 崔景华. 2006 年日本税制改革的主要内容及几点启示[J]. 现代日本经济,2007(3).

[28] 寿剑刚等. “双加”模式突破——浙江孵化器发展策略探析[J]. 今日科技,2009(8).

[29] 祖惠. 中国民间资本进入风险投资的制度供给研究[D]. 南京师范大学,2008.

[30] 郭明伟. 利用民间资本发展我国风险投资的策略[J]. 科技进步与对策,2009(8).

[31] 刘牧. 吉林省民间资本参与风险投资的策略研究[D]. 吉林大学,2008.

[32] 杨志武, 迟宝旭. 引导民间资本进入风险投资领域问题研究[J]. 科技与管理,2007(1).

[33] 李其林,王志军. 推动民间资本参与风险投资的问题与对策[J].

中国集体经济,2010(7)上.

[34] 魏建国, 龚克.民间资本与中国风险投资发展模式研究[J]. 华中农业大学学报(社会科学版), 2006(1).

[35] 黎一阳.民间资本介入我国风险投资业的对策研究[D]. 武汉理工大学,2007.

[36] 陈希.民间资本介入风险投资的可行性及主要障碍分析[J]. 沿海企业与科技,2008(12).

[37] 杨明华,战炤磊.民间资本参与风险投资之内在逻辑与制度供给研究[J]. 价格月刊,2007(10).

[38] 胡晓颖,周花.江苏省民间资本参与风险投资的动因和条件研究[J]. 中国商界,2008(11).

[39] 夏灵根.关于江浙私人资本进入风险投资领域的若干问题研究[D]. 山东大学,2007.

[40] 黄星亮.我国风险资本的融资机制研究[D]. 湘潭大学,2003.

[41] 郑宪强,马衍军.民间资本参与风险投资问题研究[J]. 财经问题研究,2002(5).

[42] 周永红.创业风险投资:浙江经验及对西部的借鉴[J].特区经济,2007(8).

[43]卜庆军.基于浙江集群经济的共用技术发展的风险投资机制研究[J].科技进步与对策,2006(9).

[44] Batjargal, Bat. Network triads: transitivity, referral and venture capital decisions in China and Russia [J]. Journal of International Business Studies, 2007, 38(6):998-1012.

[45] De Bettignies, Jean-Etienne. Financing entrepreneurship: Bank finance versus venture capital [J]. Journal of Business Venturing, 2007,22(6):808-832.

[46] Koranteng, Juliana. VC FIRM BUYS STAKE IN BORDERS U. K [J]. Billboard, 2007,119(40):12.

[47] Buckman, Rebecca. Venture Capital Goes Big [J]. Wall Street Journal—Eastern Edition, 2007,250(81):c1-c3.

[48] Lacy, Sarah. Venture Capital's Hidden Calamity [J]. Business Week Online,2007-4-7.

[49] Haislip, Alexander. Fund-raising goes slowly for Partech [J]. Venture Capital Journal,2007,49(10):20.

[50] O'Brien, Ronan. Don't Allow Startup Execs to Forfeit Salaries [J]. Venture Capital Journal, 2007,49(10):34-36.

[51] Pukthuanthong, Kuntara. Venture capital in China: a culture shock for Western investors [J]. Management Decision,2007, 45(4):708-731.

[52] Clendenin, Mike. Venture fund flow into Chinese tech startups [J]. Electronic Engineering Times,2005,1355:6.

[53] Ahlstrom David. Venture capital in China: Past, present, and future[J]. Asia Pacific Journal of Management,2007,24(3): 247-268.

[54] Wright, Mike. Venture capital in China: A view from Europe [J]. Asia Pacific Journal of Management, 2007, 24(3):

269-281.

[55] Manhong Liu, Mannie. Domestic VCs versus foreign VCs: a close look at the Chinese venture capital industry[J]. International Journal of Technology Management, 2006, 34 (1/2) 161-184.

[56] Areddy, James T. Venture Capital Swarms China[J]. Wall Street Journal-Eastern Edition,2006,247(60):c1-c14.

[57] Buckman, Rebecca. U. S. Venture Capital Floods 'Chinese Garages'[J]. Wall Street Journal-Eastern Edition, 2005, 246 (19):c1-c4.

[58] Jonsson Yinya Li. Banking, Foreign Exchange Transactions and Corporate Finance: Venture Capital Investment in China [J]. Doing Business with China, 2005:290-299.

[59] Vega, Paul. Venture capital in China: strategy and decision making [J]. European Business Forum, 2004,18:63-65.

[60] Vaughn, Christopher M. Venture Capital in China: Developing a Regulatory Framework[J]. Columbia Journal of Asian Law, 2002,16(1):227.

[61] Baker M. Gompers. An Analysis of Executive Compensation, Ownership, and Control in Closely Held Firms. NBER working papers, 1999.

[62] Baker M. Gompers. The Determinants of Board Structure at the Initial Public Offering [J]. Journal of Law and Economics,

2003,46(2):569-598.

[63] Mitchell Berlin . That thing Venture Capitalist do[J]. Business Review, 1998:15-26.

[64] Bernard S. Black, Ronald J. Gilson. Venture Capital And the Structure of Capital Markets: Bank Veresus Stock Markers [J]. Journal of Financial Economics, 1998, 47(3):243-277.

[65] Paul Alan Gompers, Joshua Lerner. The Venture Capital Cycle[M]. The Massachussets Institute of Technology, 2004.

[66] Coase R. The Nature of the Firm [J]. Economica; 1937, 4 (16):386-405.

[67] Angelini P, Di Salvo R, Ferri G. Availability and cost for small businesses: Customer relationships and credit cooperatives [J]. Journal of Banking & Finance, 1998, 22(6-8): 925-954.

[68] Fogelberg F, Kritz G, Aggrwal R, Angel J. The rise and fall of the AMEX Emerging Company Marketplace[J]. Journal of Financial Economics, 1999,52(2):257-289.

[69] Bergemann D, Hege U. Dynamic venture capital financing, moral hazard, and learning [J]. 1998,22(6-8):703-735.

[70] Biais B, Gollier C. Trade credit and credit rationing [J]. The Review of Financial Studies, 1997,10(4):903-937.

[71] Bolton P, M Dewatripont . Introduction to Contract Theory [M]. The Massachussets Institute of Technology, 2005.

[72] Bygrave, William D, Jeffry A. Timmons. Venture Capital at the Crossroads [M]. Printed in the United States of Amarica, 1992.

[73] Cook L. Trade credit and bank finance: Financing small firms in Russia [J]. Journal of Business Venturing, 1999, 14(5-6): 493-518.

[74] Fluck Z, Holtz-Ealin D, Rosen HS. Where dose the money come from-The Financing of Small Entrepreneurial Enterprises [J]. Center for Policy Research, the Maxwell School-Syracuse University, 1997: 191.

[75] Gompers PA. Optimal investment, monitoring, and the staging of venture capital [J]. The Journal of Finance, 1995, L(5): 1461.

[76] Gompers PA. Grandstanding in the venture capital industry [J]. Journal of Financial Economics, 1996, 42(1): 133-156.

[77] Gompers PA, Lerner J. The use of covenants: an empirical analysis of venture partnership agreements [J]. Journal of Law and Economics, 1996, XXXIX(10): p463.

[78] Hellman T. Financial structure and control in venture capital [J/OL]. http: //strategy. sauder. ubc. ca hellmann/pdfs/Dissertation. pdf, 1994.

[79] Houston JF, James CM, Marcus D. Capital market frictions and the role of internal capital markets in banking [J]. Journal

of Financial Economics, 1997,46(2):135-164.

[80] Karsai J, Wright M, Dudzinski Z, Moronic J. Screening and valuing venture capital investments: evidence from Hungary, Poland and Slovakia [J]. Entrepreneurship & Regional Development, 1998,10(3):203-224.

[81] Megginson WL, Weiss KA. Venture capitalist certification in initial public offerings [J]. The Journal of Finance, 1991,XLVI(3):879.

[82] Pratt Edward. MD, Green, Daniel A. MD, Spengler, Danm. MD. Herniated Intervertebral Discs Associated with Unstable Spinal Injuries [J]. 1990,15(7):617-724.

[83] Norton E, Tenenbaum BH. Specialization versus diversification as a venture capital investment strategy [J]. Journal of Business Venturing, 1993,8(5):431-442.

[84] Ajay Khorana, Edward Nelling, Jeffrey J Trester. The Emergence of Country Index Funds [J]. The Journal of Portfolio Management, 1998,24(4):78-84.

[85] Hellman T. The allocation of control rights in venture contracts [J]. Rand Journal of Economics, 1998, 29:57-76.

[86] Gary Dushnitsky, Michael J. Lenox. When does corporate venture capital investment create firm value? [J]. Journal of Business Venturing, 2006,21(6):753-772.

[87] Kaplan Steven, Per Stromberg. Financial contracting theory

meets the real world: an empirical analysis of venture capital contracts [J/OL]. http://www. NBER. Org/ Papers/w 7660, April 2000.

后　记

本书是浙江省科技计划软科学研究项目“浙江创业风险投资吸纳民间资本的机制研究”(项目编号:2009C25014)的最终研究成果。

作者一直致力于创业风险投资的学习和研究,到浙江工作三年多来,发现在创新与创业活动异常活跃的浙江,创业风险投资所起的作用一般被忽略了。许多原来比较关注创业风险投资的浙江学者,现在大都进入了其他的研究领域。浙江省民营经济发达、居民人均收入水平高、市场机制健全,但与其他省市相比,创业风险资本的规模并不突出。浙江创业风险资本的融资,具有筹资渠道狭窄、基金规模偏小、国有资本比重偏高、机构投资者的出资严重滞后和国外资本投资比例极低等特征。创业风险投资的这些特征与浙江省的经济实力很不适应。这极大地引起了我的研究兴趣。我认为,事物的进展顺利,说明我们的研究和认识基本已经很清晰了。现实越是偏离了我们的期待,我们越是应该投入更多的精力去研究,这样的研究是相当必要和有价值的。所以几年来,我组织自己的研究力量,围绕创业风险投资吸纳机制,认真研究浙江民间资本进入创业风险投资领域面临的困难、进入的模式选择以及政府应该发挥的作用等。

研究工作开展并不顺利，直接面临的困难就是数据获取的问题。我们走访了许多家创业风险投资公司，也寻求创业风险投资行业协会的支持，同时利用学生假期调研的机会进行问卷调查，终于基本突破了这个障碍。所以要特别感谢浙江省商务厅张汉东主任、浙江省科技风险投资有限公司汪泓副总经理和王合军经理，以及浙江创业风险投资行业协会的朱荆文副秘书长。感谢杭州电子科技大学的马国进处长、都红雯院长、周晓慧副处长、陈晖老师以及参与调研同学的大力支持。创业风险投资活动非常复杂，对于创业风险投资的认识需要进行多学科的交叉研究，许多专家学者给予了我很多理论方面的指导和帮助，包括浙江财经学院经贸学院副院长邱风教授、浙江理工大学纺织经济研究所所长胡丹婷教授、中国计量学院国际贸易研究所所长栾信杰教授、浙江财经学院信用管理系主任管晓永教授和浙江传媒学院管理学院副院长朱旭光博士等，他们对我们的研究提供了许多宝贵的意见，在此致以诚挚谢意。当然此书的问世应该是课题组成员共同努力的结果，所以也要非常感谢课题组的王世军教授、李洪江博士、赵玉娟博士，以及我的研究生曾可昕、鲍晓燕、杨雅娜，感谢他们富有效率的工作。还有许多专家和实际部门的领导对于本书的最终形成提供了必要的协助，同时我们的研究也参考了诸多学者的研究成果，此处一并致谢。

创业风险投资的研究在我国还刚刚起步，从产权角度分析浙江创业风险投资吸纳民间资本机制的运行，并从中得出有益的启示更是一个全新的课题。由于国内外有关研究的资料非常有限，获取更为困难，此课题的研究难度较大，加之时间紧迫，许多研究计划并没有很好地完成,分析还远远不够深入。作者所进行的研究仅仅是一个初步的探索,希望获得抛砖引玉的效果,同时我们也会继续深入研究。书中的观点和论证过程难免有疏漏和不当之处,恳请专家、学者批评指正。

尹国俊

2011 年 5 月 22 日　于金沙学府